_____ 의

매직플래너

_____년_____월_____일_____

적게 일하고 많이 벌기로 결심하다.

어떻게 살고 싶은가요? 살면서 꼭 이루고 싶은 꿈이 있나요?

도서 6장(52~67쪽)의 내용을 바탕으로, 스스로 질문을 던진 뒤 버킷리스트를 작성해봅시다.

① 되고 싶은 것

도서 59쪽의 내용을 바탕으로, 되고 싶은 사람의 모습을 적어보세요.

② 하고 싶은 것

도서 59쪽의 내용을 바탕으로, 하고 싶은 모든 것을 적어보세요.

③ 갖고 싶은 것

도서 60쪽의 내용을 바탕으로, 갖고 싶은 것을 전부 적어보세요.

4 버킷리스트 쓰기

앞 1, 3번에서 적은 내용들을 참고해서 자신만의 버킷리스트를 만들어봅시다.
작성 예시는 도서 54~55쪽을 참고하세요.

번호	분류	목표 이름	목표 기한	달성 여부/연도
01				
02				
03				
04				
05				
06				
07				
08				
09				
10				
11				
12				
13				
14				
15				
16				
17				
18				
19				
20				
21				
22				
23				
24				
25				

당장 한 가지 목표를 향해 나아갑시다. 지금 바로 시작해보죠.
도서 8장(74~83쪽)의 내용을 바탕으로, 스스로 질문을 던진 뒤 인생 퍼즐을 맞춰봅시다.

1 퍼즐의 전체 그림 그리기

도서 81쪽의 내용을 바탕으로, 내가 이루고 싶은 목표를 한 가지 적어보세요.

2 네 귀퉁이 끼우기

도서 82쪽의 내용을 바탕으로, 인생에서 가장 중요한 네 가지를 어떻게 다룰지 적어보세요.

3 퍼즐의 가장자리 찾기

도서 82쪽의 내용을 바탕으로, 목표를 향해 전진할 구체적인 계획을 세워보세요.

4 퍼즐의 가운데 채워가기

도서 83쪽의 내용을 바탕으로, 실제로 어떻게 해나갈 수 있을지, 그리고 해나가고 있는지 틈틈이 적어보세요.

◆ **다음 장부터 책의 각 장을 참고해 플래너를 작성해보세요.** ◆

매직플래너 작성하기 - 도서 17장(139~151쪽)

월간 플래너 작성하기 - 도서 19장(157~162쪽)

주간 플래너 작성하기 - 도서 19장(157~162쪽)

매직플래너

	월	월	월	월	월	월
1						
2						
3						
4						
5						
6						
7						
8						
9						
10						
11						
12						
13						
14						
15						
16						
17						
18						
19						
20						
21						
22						
23						
24						
25						
26						
27						
28						
29						
30						
31						

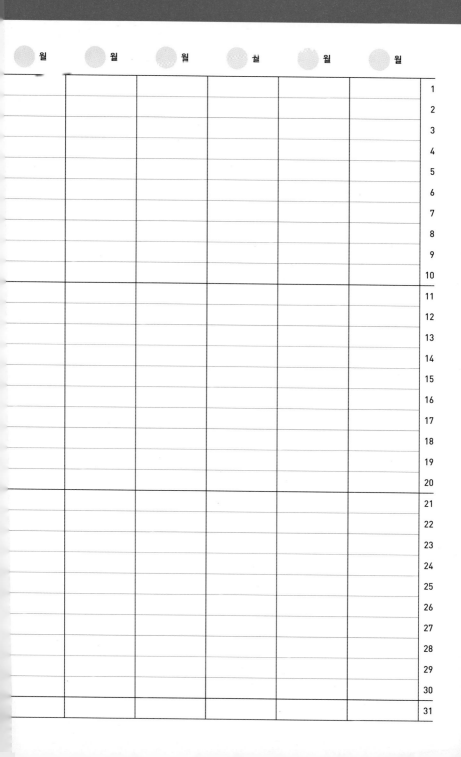

월	월	월	월	월	월	
						1
						2
						3
						4
						5
						6
						7
						8
						9
						10
						11
						12
						13
						14
						15
						16
						17
						18
						19
						20
						21
						22
						23
						24
						25
						26
						27
						28
						29
						30
						31

	● 월	● 월	● 월	● 월	● 월	● 월
1						
2						
3						
4						
5						
6						
7						
8						
9						
10						
11						
12						
13						
14						
15						
16						
17						
18						
19						
20						
21						
22						
23						
24						
25						
26						
27						
28						
29						
30						
31						

월	월	월	월	월	월	
						1
						2
						3
						4
						5
						6
						7
						8
						9
						10
						11
						12
						13
						14
						15
						16
						17
						18
						19
						20
						21
						22
						23
						24
						25
						26
						27
						28
						29
						30
						31

	월	월	월	월	월	월
1						
2						
3						
4						
5						
6						
7						
8						
9						
10						
11						
12						
13						
14						
15						
16						
17						
18						
19						
20						
21						
22						
23						
24						
25						
26						
27						
28						
29						
30						
31						

월	월	월	월	월	월	
						1
						2
						3
						4
						5
						6
						7
						8
						9
						10
						11
						12
						13
						14
						15
						16
						17
						18
						19
						20
						21
						22
						23
						24
						25
						26
						27
						28
						29
						30
						31

	월	월	월	월	월	월
1						
2						
3						
4						
5						
6						
7						
8						
9						
10						
11						
12						
13						
14						
15						
16						
17						
18						
19						
20						
21						
22						
23						
24						
25						
26						
27						
28						
29						
30						
31						

월	월	월	월	월	월	
						1
						2
						3
						4
						5
						6
						7
						8
						9
						10
						11
						12
						13
						14
						15
						16
						17
						18
						19
						20
						21
						22
						23
						24
						25
						26
						27
						28
						29
						30
						31

	◯ 월	◯ 월	◯ 월	◯ 월	◯ 월	◯ 월
1						
2						
3						
4						
5						
6						
7						
8						
9						
10						
11						
12						
13						
14						
15						
16						
17						
18						
19						
20						
21						
22						
23						
24						
25						
26						
27						
28						
29						
30						
31						

월	월	월	월	월	월	
						1
						2
						3
						4
						5
						6
						7
						8
						9
						10
						11
						12
						13
						14
						15
						16
						17
						18
						19
						20
						21
						22
						23
						24
						25
						26
						27
						28
						29
						30
						31

	월	월	월	월	월	월
1						
2						
3						
4						
5						
6						
7						
8						
9						
10						
11						
12						
13						
14						
15						
16						
17						
18						
19						
20						
21						
22						
23						
24						
25						
26						
27						
28						
29						
30						
31						

월	월	월	월	월	월	
						1
						2
						3
						4
						5
						6
						7
						8
						9
						10
						11
						12
						13
						14
						15
						16
						17
						18
						19
						20
						21
						22
						23
						24
						25
						26
						27
						28
						29
						30
						31

	월 / MON	화 / TUE	수 / WED
이번 달의 중요한 일			

목 / THU	금 / FRI	토 / SAT	일 / SUN

이번 달의 중요한 일	월 / MON	화 / TUE	수 / WED

목 / THU	금 / FRI	토 / SAT	일 / SUN

이번 달의 중요한 일	월 / MON	화 / TUE	수 / WED

목 / THU	금 / FRI	토 / SAT	일 / SUN

이번 주의 중요한 일		월 일 (월)	월 일 (화)	월 일 (수)
	00:00			
	01:00			
	02:00			
	03:00			
	04:00			
	05:00			
	06:00			
	07:00			
	08:00			
	09:00			
	10:00			
	11:00			
	12:00			
	13:00			
	14:00			
	15:00			
	16:00			
	17:00			
	18:00			
	19:00			
	20:00			
	21:00			
	22:00			
	23:00			
		오늘의 목표	오늘의 목표	오늘의 목표

월　일(목)	월　일(금)	월　일(토)	월　일(일)
오늘의 목표	오늘의 목표	오늘의 목표	오늘의 목표

	월 일 (월)	월 일 (화)	월 일 (수)
이번 주의 중요한 일	00:00		
	01:00		
	02:00		
	03:00		
	04:00		
	05:00		
	06:00		
	07:00		
	08:00		
	09:00		
	10:00		
	11:00		
	12:00		
	13:00		
	14:00		
	15:00		
	16:00		
	17:00		
	18:00		
	19:00		
	20:00		
	21:00		
	22:00		
	23:00		
	오늘의 목표	오늘의 목표	오늘의 목표

월 일 (목)	월 일 (금)	월 일 (토)	월 일 (일)
오늘의 목표	오늘의 목표	오늘의 목표	오늘의 목표

	월 일 (월)	월 일 (화)	월 일 (수)
	00:00		
	01:00		
이번 주의 중요한 일	02:00		
	03:00		
	04:00		
	05:00		
	06:00		
	07:00		
	08:00		
	09:00		
	10:00		
	11:00		
	12:00		
	13:00		
	14:00		
	15:00		
	16:00		
	17:00		
	18:00		
	19:00		
	20:00		
	21:00		
	22:00		
	23:00		
	오늘의 목표	오늘의 목표	오늘의 목표

월 일 (목)	월 일 (금)	월 일 (토)	월 일 (일)
오늘의 목표	오늘의 목표	오늘의 목표	오늘의 목표

	월 일 (월)	월 일 (화)	월 일 (수)
	00:00		
	01:00		
이번 주의 중요한 일	02:00		
	03:00		
	04:00		
	05:00		
	06:00		
	07:00		
	08:00		
	09:00		
	10:00		
	11:00		
	12:00		
	13:00		
	14:00		
	15:00		
	16:00		
	17:00		
	18:00		
	19:00		
	20:00		
	21:00		
	22:00		
	23:00		
	오늘의 목표	오늘의 목표	오늘의 목표

월 일 (목)	월 일 (금)	월 일 (토)	월 일 (일)
오늘의 목표	오늘의 목표	오늘의 목표	오늘의 목표

	월 일 (월)	월 일 (화)	월 일 (수)
이번 주의 중요한 일			
00:00			
01:00			
02:00			
03:00			
04:00			
05:00			
06:00			
07:00			
08:00			
09:00			
10:00			
11:00			
12:00			
13:00			
14:00			
15:00			
16:00			
17:00			
18:00			
19:00			
20:00			
21:00			
22:00			
23:00			
	오늘의 목표	오늘의 목표	오늘의 목표

월 일 (목)	월 일 (금)	월 일 (토)	월 일 (일)
오늘의 목표	오늘의 목표	오늘의 목표	오늘의 목표

	월　일 (월)	월　일 (화)	월　일 (수)
이번 주의 중요한 일	00:00		
	01:00		
	02:00		
	03:00		
	04:00		
	05:00		
	06:00		
	07:00		
	08:00		
	09:00		
	10:00		
	11:00		
	12:00		
	13:00		
	14:00		
	15:00		
	16:00		
	17:00		
	18:00		
	19:00		
	20:00		
	21:00		
	22:00		
	23:00		
	오늘의 목표	오늘의 목표	오늘의 목표

월 일 (목)	월 일 (금)	월 일 (토)	월 일 (일)
오늘의 목표	오늘의 목표	오늘의 목표	오늘의 목표

	월 일 (월)	월 일 (화)	월 일 (수)
이번 주의 중요한 일	00:00		
	01:00		
	02:00		
	03:00		
	04:00		
	05:00		
	06:00		
	07:00		
	08:00		
	09:00		
	10:00		
	11:00		
	12:00		
	13:00		
	14:00		
	15:00		
	16:00		
	17:00		
	18:00		
	19:00		
	20:00		
	21:00		
	22:00		
	23:00		
	오늘의 목표	오늘의 목표	오늘의 목표

월 일 (목)	월 일 (금)	월 일 (토)	월 일 (일)
오늘의 목표	오늘의 목표	오늘의 목표	오늘의 목표

	월 일 (월)	월 일 (화)	월 일 (수
00:00			
01:00			
02:00			
03:00			
04:00			
05:00			
06:00			
07:00			
08:00			
09:00			
10:00			
11:00			
12:00			
13:00			
14:00			
15:00			
16:00			
17:00			
18:00			
19:00			
20:00			
21:00			
22:00			
23:00			
	오늘의 목표	오늘의 목표	오늘의 목표

이번 주의
중요한 일

월 일 (목)	월 일 (금)	월 일 (토)	월 일 (일)
오늘의 목표	오늘의 목표	오늘의 목표	오늘의 목표

	월 일 (월)	월 일 (화)	월 일 (수
00:00			
01:00			
02:00			
03:00			
04:00			
05:00			
06:00			
07:00			
08:00			
09:00			
10:00			
11:00			
12:00			
13:00			
14:00			
15:00			
16:00			
17:00			
18:00			
19:00			
20:00			
21:00			
22:00			
23:00			
	오늘의 목표	오늘의 목표	오늘의 목표

이번 주의
중요한 일

월 일 (목)	월 일 (금)	월 일 (토)	월 일 (일)
오늘의 목표	오늘의 목표	오늘의 목표	오늘의 목표

	월 일 (월)	월 일 (화)	월 일 (수
이번 주의 중요한 일	00:00		
	01:00		
	02:00		
	03:00		
	04:00		
	05:00		
	06:00		
	07:00		
	08:00		
	09:00		
	10:00		
	11:00		
	12:00		
	13:00		
	14:00		
	15:00		
	16:00		
	17:00		
	18:00		
	19:00		
	20:00		
	21:00		
	22:00		
	23:00		
	오늘의 목표	오늘의 목표	오늘의 목표

월 일 (목)	월 일 (금)	월 일 (토)	월 일 (일)
오늘의 목표	오늘의 목표	오늘의 목표	오늘의 목표

이번 주의
중요한 일

	월 일 (월)	월 일 (화)	월 일 (수
00:00			
01:00			
02:00			
03:00			
04:00			
05:00			
06:00			
07:00			
08:00			
09:00			
10:00			
11:00			
12:00			
13:00			
14:00			
15:00			
16:00			
17:00			
18:00			
19:00			
20:00			
21:00			
22:00			
23:00			
오늘의 목표	오늘의 목표	오늘의 목표	

월 일 (목)	월 일 (금)	월 일 (토)	월 일 (일)
오늘의 목표	오늘의 목표	오늘의 목표	오늘의 목표

	월 일 (월)	월 일 (화)	월 일 (수
	00:00		
	01:00		
이번 주의	02:00		
중요한 일	03:00		
	04:00		
	05:00		
	06:00		
	07:00		
	08:00		
	09:00		
	10:00		
	11:00		
	12:00		
	13:00		
	14:00		
	15:00		
	16:00		
	17:00		
	18:00		
	19:00		
	20:00		
	21:00		
	22:00		
	23:00		
	오늘의 목표	오늘의 목표	오늘의 목표

월 일 (목)	월 일 (금)	월 일 (토)	월 일 (일)
오늘의 목표	오늘의 목표	오늘의 목표	오늘의 목표

계획이 어긋났대도 괜찮아요.
내일부터 새로 목표를 세우고,
다시 시작하면 됩니다.
달라질 당신의 미래를 응원합니다.

적게 일하고 많이 버세요!

독자의 1초를 아껴주는 정성!

세상이 아무리 바쁘게 돌아가더라도
책까지 아무렇게나 빨리 만들 수는 없습니다.
인스턴트 식품 같은 책보다는
오래 익힌 술이나 장맛이 밴 책을 만들고 싶습니다.

땀 흘리며 일하는 당신을 위해
한 권 한 권 마음을 다해 만들겠습니다.
마지막 페이지에서 만날 새로운 당신을 위해
더 나은 길을 준비하겠습니다.

독자의 1초를 아껴주는
정성을 만나보십시오.

미리 책을 읽고 따라해 본 베타테스터 여러분과
무따기 체험단, 길벗스쿨 엄마 기획단,
시나공 평가단, 토익 배틀, 대학생 기자단까지!

믿을 수 있는 책을 함께 만들어주신 독자 여러분께 감사드립니다.

(주)도서출판 길벗 www.gilbut.co.kr
길벗이지톡 www.eztok.co.kr
길벗스쿨 www.gilbutschool.co.kr

전보다
적게 일하고
많이 벌고
있습니다

전보다 적게 일하고 많이 벌고 있습니다

초판 1쇄 발행 · 2020년 1월 31일
초판 2쇄 발행 · 2020년 3월 6일

지은이 · 이현정
발행인 · 이종원
발행처 · (주)도서출판 길벗
출판사 등록일 · 1990년 12월 24일
주소 · 서울시 마포구 월드컵로 10길 56(서교동)
대표 전화 · 02)332-0931 | **팩스** · 02)323-0586
홈페이지 · www.gilbut.co.kr | **이메일** · gilbut@gilbut.co.kr

기획 및 책임 편집 · 오시정(sjoh14@gilbut.co.kr) | **디자인** · 박상희 | **제작** · 손일순
영업마케팅 · 최명주, 전예진 | **웹마케팅** · 이정, 김진영 | **영업관리** · 김명자 | **독자지원** · 송혜란, 홍혜진

교정교열 및 편집 진행 · 이정임 | **전산편집** · 예다움
CTP 출력 및 인쇄 · 예림인쇄 | **제본** · 예림바인딩

▶ 잘못된 책은 구입한 서점에서 바꿔 드립니다.
▶ 이이 책은 저작권법에 따라 보호받는 저작물이므로 무단전재와 무단복제를 금합니다. 이 책의 전부 또는 일부를 이용하려면 반드시 사전에 저작권자와 출판사 이름의 서면 동의를 받아야 합니다.
▶ 이 책의 국립중앙도서관 출판예정도서목록(CIP)은 서지정보유통지원시스템 홈페이지(http://seoji.nl.go.kr)와 국가자료공동목록시스템(http://www.nl.go.kr/kolisnet)에서 이용할 수 있습니다. (CIP제어번호 : 2020000858)

정가 14,500원

독자의 1초를 아껴주는 정성 '길벗출판사'

길벗 | IT실용서, IT/일반 수험서, IT전문서, 경제실용서, 취미실용서, 건강실용서, 자녀교육서
더퀘스트 | 인문교양서, 비즈니스서
길벗이지톡 | 어학단행본, 어학수험서
길벗스쿨 | 국어학습서, 수학학습서, 유아학습서, 어학학습서, 어린이교양서, 교과서

네이버포스트 · https://post.naver.com/gilbutzigy
유튜브 · https://www.youtube.com/ilovegilbut
페이스북 · https://www.facebook.com/gilbutzigy

전보다
적게 일하고
많이 벌고
있습니다

이현정 지음

길벗

쫓기듯 하루를 살고 있나요?

저는 명함이 없습니다.

누군가에게 명함을 내밀 필요가 없는 일을 하고 있습니다. 사무실도 없
습니다. 대개는 집 근처 도서관에서 일하고, 가끔은 카페에서 일합니
다. 종종 집에서도 일합니다. 필요할 때는 공간을 대여합니다. 따로 관
리해야 하는 사무실보다 대여 가능한 공간을 빌려 이용하는 편이 쾌적
하고 편하더군요. 아무 데나 편한 곳에서 자유롭게 일하고 있습니다.
직원도 없습니다. 평소에는 혼자 일하고, 종종 협업을 합니다. 전문가
가 필요하면, 그때그때 도와줄 분을 찾습니다. 가능한 한 자유롭고 편한
방법으로 일하고 있습니다. 일하는 시간은 최소한으로 줄이고, 스스로
충실한 삶을 살고 있습니다. 그러니까 저는 **일을 하되 일만 하지 않습니다.**

일만 하던 때가 있었습니다.

어렸을 때부터 열심히 일해서 돈을 벌고, 그 돈을 모아서 천천히 부자가

될 수 있다고 배웠습니다. 어른들은 "일하지 않으면 먹지도 마라."고 했지요. 노동으로 흘리는 땀은 정직하다고 했어요. 쉬운 방법을 찾으려 들면 잔머리 굴린다고 꿀밤을 맞았지요. 쉬지 않고, 부지런히, 열심히 사는 것이 미덕인 줄 알았습니다. 열심히 일했습니다. 그렇게 사는 것이 당연한 줄 알았습니다.

'시간'을 제대로 이해하기 전, 저는 지금과 완전히 다른 사람이었습니다. 늘 시간에 쫓겼습니다. 마음만 바쁠 뿐, 작은 일 하나 제대로 마무리하지 못했습니다. 음식물 찌꺼기가 묻은 그릇들을 다음 날까지 싱크대에 그대로 내버려 두었어요. 겨우 얻은 직장에서의 업무도 힘에 부쳤습니다. 지쳐서 아이들에게 사랑을 표현할 기력도 없었습니다.

해야 할 일거리는 쌓여 가는데, 몸은 무기력했습니다. 도무지 헤어 나올 수가 없었습니다. 심지어 이유 없이 몸이 아파서 응급실에 실려 가기도 했지요. 쉬지 않고 일을 해도 늘 돈이 없었습니다. 하루하루가 힘겨웠습니다. 그때는 알지 못했습니다. 일 년이, 한 달이, 오늘 이 순간이 얼마나 소중한 시간인지, 그 순간이 쌓여서 미래의 제가 되리라는 것을 말이죠. 너무 열심히 살아서 돈 벌 시간이 없었던 사실을 그때는 몰랐습니다.

그러던 중, 위기의 가면을 쓴 기회를 만났습니다.

그 기회의 시간 동안 비로소 깨달았습니다. 돈을 버느라 내 시간을 모두 쓰는 사람은 점점 더 가난해진다는 점을 말이죠. 부족한 시간을 벌기 위해 저는 특별한 플래너를 쓰기 시작했습니다. 플래너는 매년 조금씩 업그레이드되었습니다. 덕분에, 저는 짧은 시간에 몰입하여 집중적으로 일해 낼 수 있었습니다.

지금은 전보다 적게 일하고, 많이 벌고 있습니다. 남의 손을 빌리지 않고 세 아이를 키우면서 경매 투자를 하고, 종종 강의도 하며, 세 권의 경매 책을 썼습니다. 충분히 일하면서도 여유 시간을 만들어 저 자신을 위해 쓰고 있습니다. 짬을 내서 여행을 떠나고, 일 년에 한두 달은 해외에서 살고 있습니다. 건강관리를 위해 헬스를 시작했는데, 얼마 전에는 바디프로필 촬영까지 했지요. 제 편이 된 시간은 제가 하고 싶은 일을 하고, 가고 싶은 곳을 갈 수 있게 해주었습니다.

참고로 저는 대단한 부자가 아닙니다. 적당히 벌고 풍요로운 시간을 가진 '시간 부자'입니다.

적게 일하고 오늘을 제대로 사는 '시간 부자'가 되고 싶나요?

독자님도 쫓기듯 하루를 살고 계신가요? 온종일 일을 하는데, 점점 더 가난해지나요? 왜 이렇게 정신없이 바쁘게 사는지 그 이유를 알 수 없나요? 그렇다면, 독자님은 돈을 위해 시간을 팔아 근근이 연명하던 그 시절의 저와 같습니다.

저는 잘살고 있을 '미래의 저에게' 물었습니다.

"너처럼 되려면, 나는 지금 무엇을 해야 하지?"

이미 완벽한 내일을 살고 있는 미래의 독자님에게 길을 물어보세요. 오늘부터 시간 빈곤자에서 벗어나 보세요.

태도와 지식보다 연습이 중요합니다.

시간 부자가 되는 방법을 친절하고 자세하게 알려드릴게요. 다만 어떤 일을 처음 배울 때는 네 가지 과정이 필요합니다.

첫 번째는 태도입니다. 배우려는 마음가짐이에요. 이 책을 읽고 계신 여러분은 이미 필요하고 원하는 간절한 마음을 먹고 계실 거예요.

두 번째는 지식입니다. 지식에 해당하는 방법은 제가 알려드릴게요. 제가 수많은 시행착오를 겪으며 알게 된 '전보다 적게 일하면서 수입은 많아진' 비법을 독자님께 소개해 드릴게요.

세 번째는 연습입니다. 알기만 해서는 어떤 변화도 일어나지 않을 거예요. 독자님의 것으로 만들기 위해 연습은 필수입니다. 이 책은 지식을 내 몸에 익히는 연습을 목적으로 합니다. 책을 읽다가 중간에 덮고 바로바로 실천해보세요.

네 번째는 습관입니다. 연습이 반복되면 독자님의 스킬이 자리 잡게 되어 시간 부자가 되는 습관이 생겨납니다.

적게 일하고 많이 버는 '시간 부자'가 될 독자님을 진심으로 응원합니다.

마지막으로, 사랑하는 세 아이, 항상 힘이 되어주는 가족들, 또 이 책을 출간하기까지 도움과 응원을 주신 모든 분과 출판사 관계자분들께 감사의 인사를 전합니다.

2020년 1월,
저자 이현정

차
례

1부

하루 종일 일만 하는 사람은
돈 벌 시간이 없다.

- John D. Rockefeller

Warming Up

다르게 살기로
결심하다

하루하루 바쁘게 살아가다 보면, 때로는 방향조차 헷갈립니다. 지치고 힘이 들어도, 걸음은 멈춰지지 않습니다. 그런데 제 스스로 멈추지 못하면, 어쩔 수 없이 멈추게 되는 일이 생기더군요!

이대로 살아도 괜찮을까?

못 멈추면 마침내 생기는 일

저는 가끔 길을 잃습니다. 제대로 가고 있는지 확신도 없이 냅다 달리곤 합니다. 하루는 보통 이렇죠. 아침에 일어나면 밥을 제대로 챙겨먹을 새도 없이 출근을 합니다. 오전 시간을 정신없이 보내고 나면 잠깐의 휴식, 그리고 다시 시작되는 오후 업무.

밀려드는 일들을 쳐내고 퇴근 후 저녁을 먹으며 맥주라도 한 캔 하고 나면, 어느새 잘 시간입니다. 그렇게 하루를 보내다 보면 한 주가, 한 달이 어떻게 가는지도 모르게 지나갑니다. 숨을 헐떡이며 뛰고 또 뛰는데 어디로 뛰는지조차 모릅니다. 때로는 방향조차 헷갈립니다. 지치고 힘이 들어도, 걸음은 멈춰지지 않습니다.

그런데 제 스스로 멈추지 못하면, 멈춰 설 일이 생깁니다.

고맙게도 말이지요.

그 날이 그랬습니다.

"환자분, 당장 입원하셔야 합니다."

의사가 말했습니다.

"네?"

"염증이 등 피부층에 넓게 퍼졌어요. 근육에 파고들면 심각해져요."

"왜 그런 거예요?"

"글쎄요, 염증이 생겼다는 건 면역력이 떨어졌다는 의미죠."

"제가요? 왜요?"

며칠 전 제 등 한구석에 작은 몽우리가 생겼습니다. 간질간질한 느낌이 들더니 몽우리가 점점 크고 넓어졌지요. 3일째 되는 날에는 등의 절반이 벌겋게 부풀어 오르고, 그날 밤에 온몸이 화끈거리며 열이 펄펄 끓었습니다. 어리석게도 응급실에 갈 생각도 못했어요. 그렇게 밤새 끙끙 앓고 나서 주사라도 한 대 맞으려고 출근길에 병원에 들렀던 참이었습니다.

"선생님, 제가 입원은 좀 힘든데요. 급한 일이 있어서요. 통원 치료로 하면 안 될까요?"

의사가 단호하게 말했습니다.

"목숨보다 급한 일이 있나요?"

아플 시간 없이 살다가

언제부터였을까요? 아플 시간도 없이 살게 된 것이…….

스무 살 이후 돈은 스스로 벌어 썼습니다. 피자집 서빙부터 드라마 엑스트라까지 할 수 있는 온갖 아르바이트를 했습니다. 취직하고 결혼하면서 시간과 돈에서 여유로웠던 순간도 잠시, 아이들이 생기고 일을 그만두면서 돈도 시간도 궁핍해졌습니다.

큰 딸이 초등학교에 들어가면서 다시 일을 시작했습니다. 그 어느 때보다 치열하게 일하느라 바쁜 시기였습니다. 그때의 하루는 이랬습니다. 아침에 힘겹게 눈을 뜨고, 식구들의 아침 식사를 준비하면서 동시에 출근 준비를 합니다. 아이들을 깨우고, 씻기고, 입혀서 학교와 어린이집에 보냅니다. 저도 부랴부랴 단장을 하고는 똑같은 정장을 입은 사람들로 넘치는 거리로 나서지요.

전쟁 같은 출근길을 지나 회사에 출근해서, 제 몫의 일을 시작합니다. 회사에서는 반드시 해야 할 일과 하지 않으면 안 되는 일로 하루를 보냈습니다. 그러고는 지옥 같은 퇴근길을 지나 집으로 돌아옵니다. 집은 두 번째 직장이었습니다. 옷을 갈아입자마자 앞치마를 두르고, 식사를 준비하고, 먹이고, 먹고, 치우고, 아이들에게 소리 지르고, 남편에게 화를 냈지요. 그러면 곧 어두운 밤입니다.

지친 밤들이 쌓이고 쌓여 나이를 먹었습니다.

'고작 이런 게 삶인가? 이렇게 살려고 그렇게 공부하고, 노력했나? 아니, 더 공부하고 더 노력하지 않아서 이렇게 살고 있는 걸까?'

셋째를 낳으면서 잠시 멈춤의 시간을 가졌습니다. 이때 쳇바퀴 도는 삶이 아닌 다른 삶을 계획하고 준비할 수 있었습니다. 그동안 제가 돈 벌 시간도 없이 일만 하고 살았다는 사실을 깨달았습니다.

돈 공부를 하면서 달라진 삶

멈춤의 시간에 돈에 대해 공부하기 시작했습니다. 부동산 경매를 배우고, 21채의 집을 낙찰받았습니다. 이 이야기는 《나는 돈이 없어도 경매를 한다》라는 책으로 출간되어 사랑을 많이 받았습니다. 저는 내 집 마련을 하고, 임대 수입도 생기고, 강사도 되었습니다.

감사하게도 저를 찾아주시는 많은 독자분이 계셨습니다. 전국으로 강의를 다니며 그분들을 만났습니다. 기회가 닿으면 부동산 전문가들을 만나 부동산에 대해 이야기했습니다. 브랜드 네임을 높이기 위해 마케팅을 배우고, 적용했습니다.

멋진 강사로 서기 위해 화장하고 꾸미는 일도 게을리하지 않았어요. 기존에 하던 투자자, 임대 사업자로서의 일은 물론이고, 글을 쓰고 초·중·고등학교에 다니는 세 아이 엄마로서의 일도 여전히 하고 있었지요.

그런데 참 이상하지요. 일이 잘되어도 여전히 바빴습니다. 아니, 전보다 더 바빴어요. 열심히 일해도 늘 당장 해야 할 일이 있었으니까요. 오늘의 일을 마치면 내일의 일이 기다렸습니다. 돈을 벌기 위해 일하고, 더 많은 돈을 벌기 위해 공부를 했습니다. 하던 일을 잘하게 되니 할 수 있는 일의 영역이 넓어졌습니다.

일을 하면 할수록 할 일은 더 많아졌습니다. 하루 종일 종종대며 뛰던 시기였습니다. 점점 더 많은 일을 하고, 더 많은 돈을 벌려고 애를 썼지요. 욕심은 끝이 없었습니다.

이대로 괜찮은 걸까?

그러던 차에 갑자기 병에 걸렸습니다. 그렇지요. 의사의 말대로 목숨보다 급한 일은 없지요. 얌전히 의사의 말에 따르기로 했습니다. 정장을 벗고, 환자복으로 갈아입었습니다. 취소할 수 있는 일정은 취소하고, 취소할 수 없는 일정은 연기했습니다.

열이 내리니 아프지 않았습니다. 마음껏 책을 읽고, 먹고, 자고……. 병원에서의 휴가는 꽤 괜찮았습니다. 몸뿐 아니라 마음도 추스를 수 있었습니다. 다시 뭔가 할 수 있는 기운이 생겼습니다.

'뭐지? 익숙한 이 느낌…….'

10년 전 출산으로 인해 휴식했을 때와 지금의 상황이 같았습니다. 출산하면서 1년간 휴식한 후 제 인생은 완전히 바뀌었습니다. 당시에는 이런 오늘의 나를 상상할 수 없었습니다. 문득 그 일이 휴식에서 비롯되었다는 사실을 깨달았습니다. 다시 강제로 갖게 된 휴식은 제게 이런 질문을 하였습니다.

'나의 하루, 나의 한 달, 나의 일 년, 그리고 나의 인생 **이대로 살아도 괜찮은 걸까?**'

이렇게 일만 하면서 살고 싶지 않았습니다. 뭔가 특별한 조치가 필요했습니다.

미국의 전설적인 대부호 록펠러는 "하루 종일 일만 하는 사람은 돈 벌시간이 없다."고 했죠. 그의 말대로 일은 적게 하면서, 돈 걱정 없이 살수 있다면 얼마나 좋을까요? 가족과 함께 시간을 보내고, 시간에 쫓기지 않으면서 원하는 삶을 즐기려면 어떻게 해야 할까요?

나는 시간 빈곤자

보통 '시간 관리'는 시간을 효율적으로 쓰는 일을 말합니다. 짧은 시간에많은 일을 효과적으로 처리하고, 시간을 낭비하지 않기 위해 분 단위로쪼개서 쓰는 일이지요. 시간을 잘 사용하는 사람들은 시간 계획을 잘 세우고, 같은 시간에 다른 사람보다 일을 더 많이 합니다.

어쩌면 독자님도 시간 관리 책을 이미 여러 권 읽었고, 시간을 효율적으로 쓰는 방법을 배웠을지도 모릅니다. 하루를 24시간으로 나누고, 한시간을 30분 단위, 혹은 10분 단위로 이용하고 있을지도 모르지요.

커다란 다이어리에 일한 시간과 휴식 시간을 다른 색으로 칠하고, 1분이라도 허비하는 시간을 줄이기 위해 노력하고 있을 수도 있습니다. 그런데 그렇게 일을 해도 해야 할 일이 남아서, 잠자는 시간을 줄이고 있지 않나요?

저는 그랬습니다. 알람을 맞추고, 다이어리를 쓰고, 바인더를 색칠했습니다. 꽉 짜인 일정은 숨이 막혔고, 이를 매번 정확하게 지키는 일은 더피곤하고 힘들었습니다. 예기치 못한 일이 생기면 계획은 엇나가기 일

쑤이고, 때로는 3일 만에 계획한 것조차 잊어버렸지요. 꼭 해야 할 나의 미션은 업무에 밀리고, 가족에 밀렸습니다.

어떤 때는 너무나 무기력해서 아무 일도 할 수 없었고, 어떤 때는 너무나 할 일이 많아 잠을 줄였습니다. 그래도 해야 할 일이 남았고, 많은 일들은 제 어깨에 차곡차곡 쌓였습니다. 저는 시간이 가난한 사람, 시간 빈곤자였지요.

시간 부자가 되기로 결심하다

독일 셀프매니지먼트 강사 리타 포올레는 인생에도 내비게이션이 필요하다고 이야기합니다. 운전을 할 때 내비게이션을 이용하는 것처럼 인생에도 길 찾기 시스템이 필요한 법이죠. 내비게이션은 목적지를 정하면 길을 찾기 시작합니다.

목적지를 찾으려는 사람들에게 리타 포올레는 질문합니다.

"만약 제가 착한 요정이라면 어떤 소원을 빌고 싶은가요?"

전 이런 소원을 빌었습니다.

"제 시간을 풍요롭게 쓸 수 있는 자유를 주세요."

저는 시간 부자가 되기로 했습니다.

오랜 시행착오를 거쳐 시간 빈곤자에서 벗어나 시간 부자가 되어 보니 새로운 사실을 알았습니다.

시간을 다스리는 일은 시간을 쪼개 쓰는 일과는 완전히 다르더군요. 진짜 시간 관리는 짧은 시간 안에 더 많은 일을 하는 것이 아니에요. 최대한 일을 적게 하면서 주어진 하루를 충실히 사는 것이죠. 저는 독자님이 소중한 하루를 분 단위로 쪼개어 살지 않기를 바랍니다. 할 일을 위해 잠잘 시간을 더 줄이지 않길 바라요. 우린 이미 많은 일을 하고 있잖아요. 우리에게는 일할 시간이 아니라 원하는 오늘을 살 시간이 필요하지 않을까요?

02

돈이 있어야 시간을 가지죠!

돈과 시간의 상관관계

"시간을 가지고 싶어도 일을 해야 하잖아요."

"시간 타령은 먹고살 만한 사람들이나 하는 소리죠."

혹시 이렇게 생각하고 계신가요?

프랑스 소설가 마르셀 에메의 단편소설 〈생존 시간 카드〉에는 섬뜩한 가상 세계가 나옵니다. 사람들은 정부에서 시간을 배급받습니다. 시간 배급표는 거래할 수 있죠. 부자들은 시간보다 돈이 더 절실한 가난한 사람들에게 배급표를 삽니다. 이렇게 부자들은 돈과 함께 시간도 소유해 마음껏 인생을 즐깁니다. 그러나 가난한 이들은 자신의 배급표를 팔고 남은 적은 돈으로, 짧은 시간을 살 수밖에 없습니다.

영화 〈인타임〉은 어떤가요? 아예 시간이 돈입니다. 모든 인간은 25세가 되면 노화를 멈추고, 팔뚝에 새겨진 '카운트 바디 시계'에 1년의 유예 시간을 받습니다. 그들은 자신의 남은 시간을 팔아 음식을 사고, 버스를 타고, 집세를 내야 합니다. 급여로 받은 시간을 다 쓰고 몸에 새긴 시계가 0이 되는 순간, 그 즉시 심장마비로 사망합니다. 가난한 사람들은 하루를 겨우 버틸 수 있는 시간을 노동으로 사거나, 누군가에게 빌리거나, 아니면 훔쳐야만 하죠.

이런 이야기가 그저 소설과 영화일 뿐일까요? 현실에서도 시간은 '돈'입니다. 소득과 시간은 어느 정도 대체 관계에 있습니다. 일을 많이 하면 소득이 늘지만, 시간이 없습니다. 밥을 먹고, 잠을 자고, 가족을 돌보는 일상적인 일조차 할 시간이 없는 사람들도 있지요. 이들은 시간 빈곤자입니다.

연구에 따르면, 여성의 44.6%, 남성의 23.6%가 시간이나 소득 중에서 빈곤을 겪고 있습니다(성균관대학교 오혜은 교수 연구 참조). 시간과 소득 모두 빈곤한 경우도 여성이 9.1%, 남성이 2.5%입니다(한국노동패널조사, 2014년).

통계청에서는 1999년부터 5년마다 국민들의 '생활 시간 조사'를 하고 있습니다. 사람들이 하루 24시간을 어떤 형태로 보내고 있는지 조사해 생활 방식과 삶의 질을 파악하고, 노동·복지·문화·교통 관련 정책 수립이나 학문적 연구 활동을 위한 기초 자료로 활용하기 위해서이지요. 2014년 자료에 의하면 30대는 77%, 40대는 70%가 시간이 부족하다고 느끼고 있습니다. 30대는 90.3%, 40대는 89.2%가 피곤하다고 합니다. 시간이 항상 부족한 사람들 중 97.8%가 피곤함을 느끼고 있습니다. 시간이 부족해서 피곤한 일은 독자님과 저만의 문제가 아니었나 봅니다. 이 중에서 돈이 필요해서 시간이 빈곤한 사람이 어느 정도인지는 공식 통계조차 없습니다.

돈이 필요해서 일해야 하니 시간이 없고, 일하느라 시간이 없으니 돈을 벌지 못합니다. 이를 어쩌면 좋을까요?

돈이 먼저인가, 시간이 먼저인가

다행히 영화나 소설에서처럼 우리는 시간을 배급받지도 않고, 몸에 새겨진 시계가 0이 되면 죽지 않습니다. 돈을 벌기 위해 시간을 쓸 수 있고, 시간을 벌기 위해 돈을 쓸 수도 있지요. 그러나 돈과 시간, 둘 다 부족하니 그것이 문제입니다. 독자님은 돈과 시간, 둘 중 무엇이 우선인가요? 저는 부동산 경매로 돈 버는 일을 알리고 가르치고 있지만, 사실 물질적인 것에는 별로 욕심이 많지 않은 편입니다. 집에도 큰 욕심이 없습니다. 편히 쉴 수 있는 곳이면 그만입니다. 경매를 시작하고 처음 낙찰받은 집에서 쭉 살고 있습니다. 전세금을 올려 달라거나 "그만 나가주세요." 하는 집주인이 없어서 좋습니다.

낡은 자동차도 잘 굴러가면 그만입니다. 강의할 때 입는 정장 외에는 옷을 거의 사지 않고, 액세서리는 아예 하지 않습니다. 화장품에도 별 관심이 없습니다. 다행히 건강한 피부를 가져서 아무 화장품이나 써도 괜찮습니다. 따져보니 역시나 저는 돈이 그리 많이 드는 사람은 아니군요. 그렇지만 돈은 꼭 필요합니다.

돈이 절실하게 필요했던 29살 젊은 엄마

지금까지 제게 돈이 절실하게 필요했던 순간이 두 번 있었습니다.

첫째는 아버지가 돌아가시고 난 직후였습니다. 새엄마는 남은 모든 것을 가지고 떠나버렸습니다. 당시 저는 둘째아이를 막 출산한 29살 젊은 엄마였지요. 신입사원이었던 여동생과 군대를 방금 제대한 막냇동생이 머물 곳이 없어서 같이 살았습니다. 본래 네 식구에 두 동생이 늘어, 여섯 식구가 되었습니다.

저는 모두 함께 살 수 있는 집을 마련하기 위해 대출을 받아 단독주택 3층에 전셋집을 마련했습니다. 대출을 처음 받았는데 그 이자로 숨이 턱턱 막혔습니다. 또 빤한 남편 월급으로 먹을거리도 제대로 살 수 없었죠. 무엇보다 어린 두 아이에게 쓸 돈이 없었습니다. 일회용 기저귓값이 없어서 천 기저귀를 삶고 빨았습니다. 분윳값을 아끼려고 젖을 먹여 키웠습니다.

수입은 정해져 있고, 더 벌 수 없으니 아끼는 것이 최선이었지요. 그 와중에 막냇동생이 적은 돈을 빌려갔는데, 그 때문에 한바탕 싸움이 일어나기도 했습니다. 돈이 없으니 가족 간에 싸움이 끊이지 않더군요. 가난은 사람의 마음을 아프게 하고, 관계를 다치게 합니다.

참으로 힘든 시기였습니다.

구김살을 쫙 펴주는 돈

돈 때문에 힘들었던 다음 시기는 제가 셋째를 낳던 39살이 되던 해였습니다. 임신했을 때만 해도 살림이 나쁘지 않았습니다. 그간 열심히 일해 모아둔 돈도 있었고, 남편 사업도 그럭저럭 괜찮았거든요. 그래서 과감히 휴직을 했고, 1년간 휴식 시간을 가졌습니다. 제 마음은 큰아이와 띠동갑인 늦둥이 막내에게 아낌없이 해주고 싶었습니다.

우리 식구는 그동안 씀씀이가 커졌어요. 그런데 출산 과정에서 맞벌이에서 외벌이로 바뀌었고, 하필 남편 사업도 갑자기 매우 어려워졌습니다. 폐업 직전이었죠. 그제야 남편 혼자 힘만으로 세 아이를 제대로 키울 수 없다는 사실을 알았습니다. 큰아이 중학교 교복값이 너무 비싸다고 뼈저리게 느끼는 순간, 더 이상 이대로 안 되겠다 싶었습니다.

'돈이 필요해. 돈을 벌어야 해!'

'아이들에게 필요한 것을 해줄 수 있어야 하니까. 나는 엄마니까.'

이번에는 아끼는 대신 돈을 더 버는 방법을 택했습니다. 경매를 시작했고, 임대 사업자가 되었습니다. **가정을 지켜내기 위해 돈은 선택이 아닌 필**

수 요건입니다.

영화 〈기생충〉에서 기택과 아내 충숙의 대화입니다.

"이 집 사모님은 부자인데 참 착해."

"부자니까 착한 거야. 원래 잘사는 사람들이 구김살이 없어. 돈이 구김살을 쫙 펴줘."

네, 완전히 동감합니다. 돈은 구김살을 펴줍니다!

돈과 시간의 서술어는 같다

과거에는 돈 이야기를 하면 속물 취급을 받았지만, 지금은 "나 돈 좋아해~."라고 말하는 사람이 많습니다. 돈, 솔직히 좋잖아요? 보도 섀퍼는 그의 책 《돈》에서 돈에 대한 기본 생각을 올바로 가지라고 합니다. 부자가 천국에 가는 것은 낙타가 바늘구멍을 통과하는 것처럼 어렵다고 믿는 사람은 절대 부자가 될 수 없어요. 돈에 대한 부정적인 느낌을 버려야 돈이 생깁니다. 돈도 저 싫어하는 사람은 싫어합니다.

그렇다면 시간은 어떨까요? 돈과 시간의 서술어미는 같습니다. 아래 예시를 한번 보세요.

돈을 벌다.	시간을 벌다.
돈을 쓰다.	시간을 쓰다.
돈을 아끼다.	시간을 아끼다.

돈을 낭비하다.	시간을 낭비하다.
돈이 부족하다.	시간이 부족하다.
돈이 많다.	시간이 많다.

어떤 사람은 돈을 벌기 위해 시간을 쓰고, 또 다른 사람은 시간을 벌기 위해 돈을 쓰지요. 시간이 돈만큼 중요하다는 것을 깨닫는 순간, 인생이 달라집니다. 자신의 시간을 돈으로 바꾸는 사람보다 가진 돈으로 시간을 사는 사람이 풍요롭게 살기 마련이죠. '마켓히어로' 대표 알렉스 베커는 그의 책《가장 빨리 부자 되는 법》에서 시간을 들여 돈을 벌지 말라고 합니다. 시간은 일할 때가 아니라 시스템을 구축할 때 쓰는 것이라고 합니다. 시간의 프로세스를 이용하여 우리의 시간을 되찾아야 한다고 하죠.

해야 하는 일은 적게, 내 시간은 많이

제가 하고 싶은 말이 그 말이에요! 우리는 짧게 일하고, 여유로운 시간을 누리고 싶습니다. 과연 가능할까요? 조상으로부터 물려받은 유산 하나 없는 사람이 다른 이의 희생 없이 말이죠.

이미 그런 삶을 살고 있는 사람이 있습니다. 일주일에 4시간만 일하며 살 수 있는 방법을 적은 책《나는 4시간만 일한다》에서 팀 페리스는 인생을 아웃소싱하고, 수입을 자동화해서 사무실에서 탈출하라고 합니다. 개선의 여지가 없을 때는 직장을 때려치우라고 과격하게 말하죠. 아주 불가능한 이야기는 아니지만, 솔직히 평범한 사람은 실천하기 쉽지 않습니다. 모든 직장인의 소원인 '칼퇴'조차 사치로 느끼는 세상인걸요. 그렇다면 평범한 사람이 시간을 가질 수 있는 방법은 뭘까요?

03

시간을 팔지 않고 돈 버는
4가지 방법

시간을 팔아 돈을 구하는 시간 노동자

먼저 돈을 버는 구조를 확인해 봅시다. 대부분의 사람들은 자신의 시간을 팔아 돈을 법니다. 직장에 취직해서 아침에 출근하고 해가 떠 있는 동안, 회사가 필요한 일을 한 대가로 급여를 받습니다. 급여는 회사 대표가 지급하는데, 대표가 투자한 돈보다 직원이 더 많이 벌어야 월급을 줄 수 있지요. 회사가 1,000만 원을 벌면 직원에게 급여로 100만 원을 주는 구조입니다. 나머지 900만 원 중 비용을 제외한 나머지는 대표와 투자자들의 수입입니다. 이 구조가 이루어지지 않으면 회사는 문을 닫습니다. 수익이 없는 회사는 존재 이유가 없습니다.

노동자 계급이 생긴 이후로 사회는 이런 구조로 돌아가고 있습니다. 아이들은 어릴 때부터 좋은 성적을 받아, 좋은 학교에 들어가고, 좋은 회사에 취업하기를 꿈꿉니다. 좋은 회사에서는 일을 아주 많이 시키고, 많은 수익을 낸 후, 적당한 급여를 줍니다. 이러한 대기업에 입사하기 위해 사람들은 술을 섭니다. 급여가 많지는 않지만, 쫓겨날 일이 없어 안정적인 공무원도 인기 있는 직종입니다. 공무원이나, 대기업 사원은 모두 '시간 노동자'입니다.

지금까지 우리는 조금이라도 더 고급스런 시간 노동자가 되기 위해 노력했습니다. 영어를 공부하고, 스펙을 쌓아 좋은 회사에 취직했습니다. 심지어 우리 아이들이 고급 시간 노동자가 되어 주기를 진심으로 기도했지요. 시간 노동자는 회사에 시간을 파는 사람입니다. 회사에 하루 대부분의 낮 시간을 저당 잡힌 시간 노동자가 어떻게 시간 부자가 될 수 있을까요? 다니는 회사를 그만두어야 할까요? 다른 방법은 없을까요?

시간 부자가 되는 4가지 방법

자신의 시간을 내다 팔지 않고 돈 버는 방법에는 4가지가 있습니다. 시간 부자들은 이미 이 방법으로 적게 일하고, 윤택한 삶을 살고 있습니다. 독자님도 이 중 하나 혹은 둘 이상의 방법으로 시간 부자가 될 수 있습니다. 다니는 회사를 그만둘 필요도 없습니다. 이 4가지 방법은 모두 회사에 다니면서 할 수 있으니까요.

❶ 자본 수익을 얻는다

금융이나 부동산 등 투자 수익으로 소득이 창출되는 방법입니다. 금융 이자, 부동산 임대료, 펀드, 주식 등이 있죠. 이 소득을 만들려면 기본 세팅을 하는 데 돈 관련 지식을 쌓고 실행하는 노력이 필요합니다. 또

종잣돈이 필요하지요. 일정 기간 시간 노동자로 일해 모은 돈으로 이를 만들 수 있습니다.

② 저작권료를 받는다

가치 있는 물건이나 서비스를 제대로 만들면 거기서 돈이 계속 나옵니다. 저작재산권은 상속 및 양도가 가능하며, 저작자가 살아 있는 동안과 사망 후 70년간 존속합니다. 음원 저작료, 발명 특허료, 도서 인세 등이 있습니다. 작사가는 평생, 심지어 사후에도 70년간 저작료가 나오니 히트곡 몇 곡만 있으면 마음껏 시간을 가질 수 있습니다. 저작권은 디지털 창작물도 포함입니다. 인터넷의 대중화로 디지털 저작권 수입이 많아지고 있습니다. 음악을 만들거나 글을 쓰는 등의 재능이 필요하지만, 탁월하지 않아도 전문 분야가 있으면 인정받을 수 있습니다.

③ 자기 사업(부업)을 한다

시간이 투자되는 일을 하되 상대적으로 시간이 적게 드는 방법도 있습니다. 1인 크리에이터들은 유튜브나 블로그 등에 유익한 정보를 올려 수익을 냅니다. 물건이나 서비스를 만들거나 유통하여 파는 온라인 마켓을 운영할 수도 있습니다. 일정 궤도에 오르기까지는 쉽지 않지만, 일단 궤도에 오르면 적게 일하고 많이 벌 수 있습니다. 이 방법은 진입장벽이 낮아 누구나 쉽게 시작할 수 있습니다.

④ 몸값을 높인다

하던 일에서 시간 가치를 높이는 방법도 있습니다. 2020년 최저 시급은 8,590원이지만, 어떤 사람들은 한 시간을 일하고 100만 원을 받습니다. 《백만 불짜리 습관》의 저자 브라이언 트레이시는 우리나라에서 한 시간 강연하고 8억 원을 받았고, 가수 싸이는 상하이에서 5분 공연하고 5억 원을 받았지요.

이들처럼 대단한 능력자가 아니어도 시간 가치를 높일 수 있는 방법이 있습니다. 시간 노동자가 아니라 시간 창조자로 회사와 협업을 하는 거죠. 직원이 아닌 프리랜서로 일을 하면 정해진 급여가 아닌 소득이 발생합니다. 회사에 수익을 만들어 주고, 정당하게 회사와 나누면 됩니다. 이들은 노동자가 아닌 동업자로 회사와 상생합니다. 적게 일하고 많이 버는 방법 중, 직장인이 가장 쉽게 시작할 수 있습니다. 제가 독자님께 먼저 권하는 방법입니다.

4가지 방법으로 돈을 버는 나

저의 자본 수입은 부동산입니다. 경매로 구입한 집과 상가에서 월세가 들어옵니다. 적당한 시기가 되거나 목돈이 필요하면 보유한 부동산을 매도합니다. 또 3권의 책을 집필했기에 출판사에서 정기적으로 인세를 받습니다. 비정기적으로 경매와 글쓰기 강의도 합니다. 유튜브 크리에이터이며, 온라인 강의 업체와 협업하기도 합니다. 동영상 강의는 한번 찍어두면 지속적으로 수익이 창출됩니다.

제가 할 수 있는 모든 방법을 동원하여 가능한 적게 일하며 생계를 유지하고 있습니다. 그렇게 만든 시간으로 지금은 새로운 분야를 연구 중입니다. 오래전부터 관심이 많았던 분야, 시간입니다.

'길지 않은 인생, 어떻게 살아야 할까? 과연 지금 이 일을 하는 것이 맞을까?'

크게 앓은 그날 이후, 저는 시간을 제대로 쓰는 법에 대한 책을 쓰기로 마음먹었습니다. 이 책을 쓰기 위해 수많은 시간 관련 책을 읽었고, 사람들을 만나 인터뷰를 하고, 오랜 시간 연구했지요. 저는 지금 소중한 시간을 들여 시간 분야의 창조자가 되고 있는 중입니다.

시간 창조자가 되는 법

하루아침에 시간 노동자에서 시간 창조자가 될 수는 없습니다. 역시나 시간이 필요합니다. 가진 시간을 모두 다 내다 팔아 하루 종일 일만 하면, 시간 창조자가 될 시간이 없습니다. 하루하루 조금씩 시간을 떼어내 시간 창조자가 될 준비를 해야 합니다.

시간 창조자가 하는 일은 가치를 만드는 일입니다. 이 때문에 절대적 시간이 필요합니다. 시간 부자는 시간 창조자가 될 시간을 만드는 것부터 시작합니다.

저는 독자님의 손을 잡고 시간 창조자가 되기 위한 여행을 할 것입니다. 독자님이 돈과 시간에 쫓기는 사람이 아니라 돈과 시간이 많은, 시간 부자가 될 수 있길 바랍니다.

04

시간 부자가 되면 얻는 것들

시간 부자는 자유롭다

자동차 부품 대리점을 운영하는 40대 자영업자 I씨는 1년에 363일간 영업을 했습니다. 설날 당일과 추석 당일 단 이틀만 문을 닫았지요.

"손님이 언제 주문 전화를 할지 모르니까요. 업계 경쟁이 치열해서 한번 손님을 놓치면 다른 대리점으로 가버리거든요."

그의 가게는 바쁠 때는 눈코 뜰 새 없이 바쁘지만, 한가할 때는 주체할 수 없을 만큼 한가했습니다. 하루 평균 열 번 남짓 주문 전화가 오지만, 언제 고객의 전화가 올지 모르기 때문에 늘 자리를 지키고 있어야만 했습니다. 하루 종일 손님을 기다리며 가게를 지키자니 하루하루가 고단했습니다.

그는 지금 기술을 익혀 목수로 일하고 있습니다. 그에게 일을 맡기려면 미리 예약을 해야 하지요. 그는 건축 의뢰가 들어오면 현장으로 나갑니다. 목조 주택의 골조만 세우기도 하고, 기초부터 완공까지 맡기도 합니다. 평소에는 열심히 일하고, 비수기인 겨울이 되면 2~3주가량 긴 여행을 떠나죠. 일은 고되지만 그는 지금의 삶에 만족합니다.

"다른 사람의 시간에 맞추는 삶이 힘들었어요. 지금은 저 자신의 시간을 가질 수 있어요. 자유로워서 좋습니다."

시간 부자는 본인이 원하는 시간에 일하고, 하고 싶지 않은 일을 안 할 자유가 있습니다.

시간 부자는 무엇을 할지 안다

청춘페스티벌에서 가수 요조가 느릿느릿 자신의 이야기를 했습니다.

"전 아메리카노 먹을 거예요, 먹고 싶을 때 먹을 거예요. 아끼고 안 살 거예요. 하고 싶은 것 다 할 거예요. 참고 나중에요? 언제요? 나이 들어 성공하고요? 나이 들 때까지 산다는 보장이 없잖아요."

오래전 어느 날, 요조의 동생이 그녀의 운동화를 빌려 신고 외출한 날, 예기치 않은 교통사고로 세상을 떠났습니다. 죽음은 평범한 일상에 갑작스레 찾아오지요. 올지 안 올지 모르는 내일보다 오늘의 시간이 더 소중합니다. 그녀는 알고 있습니다. '오늘의 아메리카노는 오늘 마셔야 한다.'는 사실을 말이죠.

시간 부자는 자신이 무엇을 원하는지 알고 있습니다. 그러기 위해서, 하지 않아도 되는 일은 하지 않습니다. 하지 않아도 될 일을 억울하게 떠안지 않습니다. 하지 않아도 될 일을 하지 않음으로써 시간을 법니다. '이 일이 반드시 해야 할 일인가?'는 매우 중요한 문제이죠. 급한 일이 아니라 소중한 일을 해야 하니까요.

하지 않아도 될 일을 하지 않으면 오히려 수입이 늡니다. 가치 없는 일을 줄이면, 반드시 해야 할 일을 잊지 않게 되지요. 저는 매주 금요일 저녁 다음 주 일정을 체크합니다. 이 플래닝 작업을 '주간 플래닝'이라고 합니다. 금요일마다 일의 중요한 순서대로 플래닝합니다. 나 자신과 가족과의 일정도 배치합니다. 아이의 학교 행사, 책 쓰기 시간, 경매 물건을 볼 시간, 혼자 생각할 시간, 가족과의 저녁 식사, 친구와 점심 약속을 적절히 배치하지요. 만약 미리 정한 개인 일정에 외부의 다른 일정이 끼어들면 이렇게 말하지요.

"다른 시간 어때요? 그 시간에는 일정이 있어요!"

자신과의 약속도 거래처와의 중요한 약속인 듯 여깁니다.

시간 부자는 우리에게 남은 시간이 유한하다는 사실을 잘 압니다. 인간은 정해진 시간 이상의 삶을 유지할 수 없어요. 진시황은 불로초를 찾아 헤맸고, 현대 의학은 인간 수명을 연장시키고 있지만, 유한한 것은 어쩔 수 없습니다. 시간은 흐르고, 우리도 시간을 따라 흘러갑니다. 오늘 하고 싶은 일은 오늘 해야 합니다.

시간 부자는 남의 시간도 소중히 여긴다

시간 부자는 다른 사람의 시간을 대신 살지 않고, 다른 사람에게 스스로를 얽매지 않습니다. 자신의 시간만큼 다른 사람의 시간이 소중하다는 사실도 알고 있지요. 그래서 다른 사람의 시간도 아껴줍니다.

사소하게는 가세에 미리 예약하면 고객과 가게 주인 두 사람이 서로 한 시간씩 아껴서 두 시간을 벌 수 있습니다.

제 단골 미용실은 사장님 혼자 운영하고 있습니다. 작은 숍의 유일한 헤어디자이너이죠. 사장님이 커트도 하고, 펌도 하고, 염색도 합니다. 손님이 두세 명만 되어도 차례가 되기까지 한참을 기다려야 합니다. 그래서 이 집은 예약이 필수예요. 전화를 하면 사장님이 시간을 정해줍니다.

"손님, 세 시간 후에 오세요."

중간에 다른 손님이 오면 그 손님에게는 다음 예약을 받아요. 그것이 손님을 놓치지 않으면서 매번 최상의 헤어스타일을 만드는 비결이지요.

얼마 전 새신랑이 된 Y는 공인중개사입니다. 그는 상가를 전문으로 중개하고 있는데, 주로 그의 블로그로 홍보를 합니다. 매물에 관심이 있는 손님은 미리 전화로 예약을 한 후 방문하는 시스템이죠. 덕분에 Y씨는 중개소에서 하염없이 손님을 기다릴 일이 없습니다. 중개 사무실이 2층에 위치하고 있어도 상관없지요(2층이 1층보다 임대료가 저렴합니다).

작은 가게, 소규모 자영업자일수록 예약 제도가 필요합니다.

시간 부자는 물같이 흐르는 시간 속에서 헤매지 않습니다. 시간은 흘러 사라져 버리는 것 같지만, 사실은 그렇지 않습니다. 과거에서 현재로, 현재에서 미래로 연결되어 있지요. 시간은 미래를 기억하는 사람의 편입니다. 오늘 하루 작은 시간들이 모여 인생이 됩니다.

시간 부자는 실패해도 다시 도전한다

고백하자면, 이 책은 시간 부자가 되기 위한 저의 처절한 도전기입니다. 독박육아에 찌든 전업주부 경단녀에서 워킹맘이 되었고, 운이 좋게 저자이자 강사, 임대 사업자가 되었지만 여전히 제 삶은 바빴습니다. 분명 예전보다 돈벌이는 나아졌지만, 삶은 녹록치 않았습니다. 세 아이를 키우는 일은 여전히 엄마인 제 일이었습니다. 또 사라지기는커녕 매일 새롭게 쌓이는 집안일은 주부인 제 몫이었습니다.

투자를 하고 싶어도 시간이 부족했고, 좋아하는 책을 읽을 시간도 없었습니다. 사람들을 돕는 책을 쓰고 강의를 하고 싶었지만, 시간이 없었습니다. 좋아하는 사람들과 소통할 시간도 필요했습니다. 부족한 시간을 만들기 위해 잠을 줄이고 한 번에 여러 가지 일을 처리했습니다. 그래도 시간은 부족했습니다.

'이상하다. 일을 할수록 왜 일이 더 많아질까? 뭔가 잘못된 거 같아.'

그즈음 생긴 병은 내 몸이 '더 이상 버틸 수 없다.'고 외치는 보이지 않는 비명이었습니다.

이 책은 제가 그간 실행한 다양한 도전과 실패 그리고 마침내 찾은 성공 방법에 대한 이야기입니다.

가난한 사람이 부자가 되기 쉽지 않은 것처럼, 시간 빈곤자가 시간 부자가 되는 길은 쉽지 않았습니다. 언제나 성공하는 일이라면 도전이라는 단어를 쓰지 않겠지요. **성공하는 가장 쉬운 방법은 될 때까지 하는 것입니다.** 이 길이 아니라면, 돌아서 나오면 그만입니다. 길이 막혀 있으면 다른 길을 찾으면 됩니다. 굳이 한 길을 고집할 필요는 없지요. 원하는 그곳으로 가는 길은 하나가 아닐 것입니다. 가던 길을 바꾸지 않고 고집하는 것도 시간 낭비입니다.

이제 제가 찾은 괜찮은 길 하나를 이야기하려 합니다.

제가 찾은 그 길이 독자님께 도움이 되면 좋겠습니다.

독자님, 이제 시간 부자가 되실 준비가 되셨나요?

2부

___

난 미래가 어떻게 전개될지는 모르지만
누가 결정할지는 안다.

- Oprah Winfrey

STEP

1

원하는 것을 알고
제대로 하는 법

돈을 벌기 위해 남에게 무언가를 부탁하지 않기로 했습니다. 또 내가 찾아가기보다 찾아오게 하고 싶었습니다. 좋아하는 일로 돈을 벌고 싶었습니다. 남이 시키는 일이 아니라 내가 원하는 일을 하고 싶었습니다. 저는 다르게 살기로 결심했습니다.

05

목적지가 어딘지 모르면
길을 잃는다

8년간 아이만 키우다 세상으로

큰아이가 초등학교에 들어갈 때 출퇴근하는 일을 시작했어요. 오랜 기간 집에서 아이들만 키우던 엄마가 할 수 있는 일은 별로 없었죠. 지금도 아이들을 키우기 쉽지 않지만, 예전에는 더했답니다. 아이들을 남에게 맡기고 일하는 엄마들은 거의 고소득 전문직이거나, 보육을 지원하는 대기업 근무자였어요.

그러니 결혼하고 아이를 낳으면 자의 반 타의 반으로 전업주부가 되었지요. 아이들 스스로 냉장고에서 음식을 꺼내 먹을 나이가 되길 기다렸습니다. 8년 간 집에서 아이들을 돌보고 나니 세상은 저만치 앞서가 있더군요.

엄마가 된 후 첫 직업은 학습지 선생님이었습니다. 학생들의 집으로 가가호호 방문하여 국어랑 수학을 지도하고 과제를 체크하는 일이었어요. 몇 개월 후 지인의 소개로 외국계 보험 회사에 영업사원으로 취업을 했습니다. 전 보험을 꽤 좋아합니다. 결혼할 때 든 종신보험을 20년 넘게 잘 유지하고 있는 우량 고객이지요. 제가 좋아하는 보험이니, 영업도 잘할 수 있을 거라 생각했어요. 하지만 생각과 현실은 달랐습니다. 영업은 힘들었고, 세상은 차가웠어요.

보험 영업으로 경험한 자존감의 바닥

보통 영업은 초반에는 가까운 지인에서 시작합니다. 가족, 친구, 친척들에게 보험 상품을 가입하게 하고, 이들에게 다른 사람을 소개받아야 합니다. 제 경우에는 친정, 시댁, 고교 동창까지 가입을 시키고 나니 더 갈 곳이 없더군요.

아이가 다니던 태권도 학원 관장님과 피아노 학원 원장님을 찾아갔지만, 계약을 할 수 없었지요. 아는 사람도 없고, 소개를 받지도 못하니 전 영업사원으로 완전 꽝이었어요. 몇 안 되는 친척들 중 가장 가까웠던 작은아버지께 보험 가입을 권유했다가 매몰차게 거절당한 날은 참으로 서러웠습니다.

"이번에 좋은 상품이 나왔어요."

"하나 해봐요. 괜찮다니까……."

"일단 한번 설명 좀 들어봐요."

이런 말이 도저히 입에서 나오지 않았습니다. 마땅히 만날 사람은 없는데, 보험 계약을 해내야 했습니다. 그래서 별 수 없이 낯선 곳에 갔습니다. 여러 회사를 방문해 명함에 사탕을 넣어 돌리고, 빌딩 꼭대기에서 걸어 내려오면서 모든 상가를 방문했지요.

어떻게든 고객을 찾아야 했습니다. 세상에서 가장 어려운 일을, 가장 힘든 방식으로 했던 셈이지요.

일 자체가 힘들다기보다는 숱한 거절에 마음을 다쳤습니다. 누구에게도 환영받지 못하는 일은 참 힘들었습니다. 자존감이 땅에 떨어지자, 저 자신에 대한 의심까지 들더군요. 상품에 자신은 있었는데, 좋은 상품을 가지고도 당당하지 못한 제가 한심스러웠습니다.

영업 방식을 바꾸니 성과가 나다

그날도 그랬어요.

화창하고 맑은 날이었습니다. 딱히 만날 사람이 없었어요. 계약은커녕 아무런 약속도 잡지 못했습니다. 영업사원이 약속이 없다는 사실은 하루가 엉망이 될 거라는 뜻이죠. 거리를 헤매다가 문득 최근에 읽은 데일

까네기의 책이 떠올랐고, 데일 카네기 트레이딩의 한국 사무소가 근처라는 생각이 들었습니다. 책에서 주소를 찾아 무작정 찾아갔습니다.

"저, 상담 좀 드리려고 왔는데요…….''

그곳에서 김유정 강사님을 만났습니다. 영업을 하지 못해 갈 곳이 없어 찾아간 그곳에서 고액의 교육 프로그램에 가입했습니다. 당시 한 달 월급보다 많은 강의료를 카드 할부로 결제하면서 생각했습니다.

'미쳤구나. 미쳤어…….'

비싼 교육비를 냈으니 더욱 적극적으로 참여했습니다. 걱정과 스트레스를 극복하는 방법을 배우고, 상대방을 설득하는 스피치 방법을 익혔습니다. 교육 후에 영업 실적이 극적으로 상승하지는 못했지만, 마음을 다치지 않는 방법을 알았습니다. 예전보다 거절에 의연해졌거든요. 스피치에 자신이 붙자 개인영업이 아닌 강의형 영업을 시작하였습니다.

일명 '빌딩 타기'(빌딩을 돌며 사람을 만나 영업하는 일)를 그만두고 신입사원들에게 재무 강의를 시작했죠. 맞춤형 재무 설계를 했습니다. 새로운 방식의 영업도 쉽지 않았지만, 성과는 좋았습니다.

우리 이 정도면 중산층인가?

하루하루 바쁘게 살았습니다. 돌아보면 무엇을 하고 무엇을 안 했는지조차 기억이 나지 않았습니다. 일이 잘되면 잘되어서 바빴고, 잘 안 되면 일거리를 만드느라 바빴습니다.

남편도 마찬가지였지요. 부모가 바쁘니 아이들은 스스로 자랐습니다.

학교 급식은 무얼 먹었는지, 요즘 친한 친구가 누구인지, 학교 끝나고 누구와 노는지 관심이 없었습니다. 제 관심은 오직 한 가지였습니다. '어떻게 하면 더 많은 돈을 벌 수 있을까?'

버는 돈은 펀드와 저축에 차곡차곡 쌓였습니다. 돈이 모이자 살림도 나아졌습니다. 치킨도 시켜먹고, 동남아로 가족 여행을 다녀오기도 했습니다. 바빴지만, 괜찮았습니다. 이제 우리도 다른 사람들처럼 살고 있었습니다.

"우리도 이 정도면 중산층인가 봐."

이렇게 이야기하던 때였습니다.

그러다 서른아홉 살에 늦둥이 막내가 생겼습니다. 휴직을 했습니다. 임산부 요가에 다니고 명상을 했습니다. 좋은 것을 먹고, 좋은 일만 생각하는 바람직한 임산부 생활이었지요. 돈만 생각하며, 돈만을 쫓아서 살던 때에는 몰랐던 평온함이 있었습니다.

적게 일하고도 여유 있게 살고 싶어

그 평온함은 오래가지 못했습니다. 곧 더 많은 돈이 필요하게 되었으니까요. 여유로운 출산 휴가를 가지는 동안 전세 기간이 만료되었습니다. 새로 이사한 낡은 빌라에는 창문이 있었지만, 해가 들지 않았습니다. 갓난아기뿐 아니라 갓 중학교 입학한 큰 딸에게는 더 많은 것이 필요했습니다. 당시 우리 집에는 고만고만한 어린아이들이 셋이었습니다. 남편은 경기가 어렵다고 했습니다. 남편이 운영하는 매장의 매출은 줄고,

못 받은 외상이 늘어갔습니다. 남편의 한숨이 깊어졌어요. 볕이 들지 않아 습한 집 때문인지 둘째는 천식에, 갓난아기는 아토피로 괴로워했습니다.

'도대체 뭐가 잘못되었을까?'

우리 부부는 그때까지 열심히 일했습니다. 한 푼 두 푼 아껴 돈을 모으고, 자식을 가르치면서 살았습니다. 열심히 살았지만, 현실은 여전히 팍팍했습니다. 과거 위기의 순간에는 안 먹고, 안 쓰면서 버텼습니다. 이번에는 그러고 싶지 않았습니다. 더는 아끼며 살 수 없었습니다. 그동안 정확한 목적지 없이 길을 헤맸던 것입니다.

이제 삶의 방식을 바꾸기로 하였습니다. 아끼기보다 더 벌고 싶었습니다. 되는 만큼 적게 일하고, 가족들과 시간을 보내기로 하였습니다. 그러나 돈을 벌기 위해 남에게 무언가를 부탁하지 않기로 했습니다. 또 내가 사람들을 찾아가기보다 찾아오게 하고 싶었습니다. 무엇보다 좋아하는 일로 돈을 벌고 싶었습니다. 남이 시키는 일이 아니라 내가 원하는 일을 하고 싶었습니다.

저는 다르게 살기로 결심했습니다.

06

원하는 곳에 등대를 세우자

원하는 소원을 들어주는 산신령이 나타난다면

오늘의 우리 모습은 어제의 우리가 만들었습니다. 변화된 내일을 원한다면, 오늘 어제와 다른 모습을 만들면 됩니다. 그러기 위해서는 자신이 원하는 모습이 어떤지 먼저 알아야겠지요. 내일의 모습을 구체적으로 그릴수록 좋습니다.

달라지기로 결심한 후, 저는 '어떤 모습으로 달라지고 싶은가?'에 대해 고민했습니다. 진정 원하는 삶은 무엇일까요? 다른 삶의 방식은 무엇일까요? '원하는 것이 무엇'인지 알아야 '어떻게 할지'도 알 수 있습니다.

만약 원하는 소원을 무엇이든 들어주는 산신령이 나타난다면 어떨까요? 산신령이 나타났을 때 독자님은 원하는 것을 제대로 대답할 수 있나요? '소원'은 일어나기를 간절히 바라는 일입니다. 다른 말로 '꿈'이라고도 하지요. 많은 사람들이 꿈에 대해 이야기합니다. 이수영 저자는 당신의 꿈이 무엇인지 묻고, 이지성 저자는 꿈의 모습을 생생하게 그리면 꿈이 이루어진다고 하였습니다. 김미경 저자는 꿈이 있는 아내는 늙지 않는다고 했지요.

꿈의 목록이 삶을 바꾼다

꿈이 '희망' 그 자체라면, 버킷리스트는 '꿈의 목록'입니다. 버킷리스트는 죽기 전에 이루고 싶은 일들을 적은 리스트이지요. 사람들은 다들 죽기 전에 할 일이 많은가 봅니다. '죽기 전에'로 검색하면 '죽기 전에 가봐야 할 여행지', '죽기 전에 봐야 할 영화', '죽기 전에 꼭 읽어야 할 책', '죽기 전에 꼭 읽어야 할 웹툰'까지 온갖 리스트가 있습니다.

'죽기 전에'가 아니라 '살아 있을 때' 버킷리스트를 실천하면 어떨까요? 일찌감치 버킷리스트를 실천하는 사람들이 있습니다. 유튜버 조윤주 씨도 그중 하나이지요. 그녀는 24살에 암 투병을 시작했습니다. 완치가 되었나 하던 때에 재발하여 재수술을 해야 했지요. 이대로 죽을 수 없다고 생각한 그녀는 버킷리스트를 만들어 실천하기로 합니다.

"버킷리스트를 적으면, 하고 싶은 게 있어서 살고 싶어져요."

그녀는 암이 재발했다는 판정을 받은 후, 수술 날짜를 조금 미루고 사이판에서 스쿠버다이빙 자격증을 땄습니다. 이후 300만 원짜리 중고차를 사서 자동차 극장에 가서 영화 보기 미션도 해냈습니다. 그녀는 다음 버킷리스트인 패러글라이딩을 준비 중입니다.

독자님의 버킷리스트는 무엇인가요? 하고 싶은 것이 무엇인지 분명하게 알고 있나요?

버킷리스트를 적기로 하다

저도 버킷리스트를 작성했습니다. 버킷리스트는 생각나는 대로 그냥 막 써 나가면 됩니다. 머릿속에는 막연하게 하고 싶은 일이 많은 것 같지만, 막상 적어보면 100개를 채우기 힘듭니다. 원하는 일이 무엇인지 구체적으로 적고, 옆에 달성 기한도 정합니다. 평소 간절히 꿈꾸던 일은 자연스럽게 앞쪽에 자리 잡게 되겠지요.

다음은 2014년에 작성한 제 버킷리스트입니다. 리스트 중에서 일부만 공개합니다.

번호	분류	목표 이름	목표 기한	달성 여부/연도
01	책 쓰기	데일 카네기 스타일의 책	2018(48세)	O / 2020년
05	책 쓰기	목조 주택 짓기 책	2014(44세)	O / 진행 중
06	책 쓰기	임대 사업을 꿈꾸는 사람들/첫 낙찰	2014(44세)	O / 2016년
08	좋은 강의하기	지금 하는 경매 강의	현재(44세)	O / 진행 중
09	좋은 강의하기	젊은 여성을 위한 경제 교육	2014(44세)	*
12	생활	내 집 짓기	2014(44세)	O / 2016년
13	세상 구경	영어로 외국인과 인생에 대한 대화 나누기	2015(45세)	O / 2019년
14	세상 구경	외국에서 1년간 살아보기/공부하기	2020(50세)	6개월 / 2018년
15	세상 구경	배낭여행 하기	2021(51세)	O / 2015년
16	좋은 강의하기	중국어로 강의하기	2020(50세)	*
17	좋은 강의하기	영어로 강의하기	2020(50세)	*
18	세상 구경	유럽(산티아고 걷기)	2016(46세)	*
19	세상 구경	유럽(지중해, 크로아티아)	2015(45세)	O / 2015년

23	세상 구경	풍림하는 아무 때나 가기	현재(44세)	매년 방문 / 2014년
27	생활	사진작가처럼 사진 찍기	2020(50세)	△
28	생활	하모니카 연주하기	2020(50세)	*
30	생활	정리 잘 된 집에서 살기	2015(45세)	*
34	가족	엄마랑 매년 여행하기	현재(44세)	O / 2017년
35	생활	서재 딸린 내 사무실 갖기	현재(44세)	△ / 2015년
38	사업	베스트셀러 작가로 살기	진행 중	O / 2014년
39	좋은 강의하기	대학에서 강의하기	2020(50세)	2015년
40	자선	총 10명 아이들 후원하기	진행 중	3명 / 2014년
43	자선	노인에 대한 복지 차원 바꾸기	2030(60세)	*
45	생활	인세로 경제적 자유 얻기	2018(48세)	△
46	사업	여행 블로거 되기	2014(44세)	*
48	생활	한국 역사 홍보하기	2014(44세)	*
49	생활	좋아하는 운동 한 가지 찾기	2014(44세)	O / 2015년
53	가족	남편과 같은 취미 갖기	2014(44세)	O / 2015년
54	생활	열정 있는 사람과 에너지 나누기	진행 중	O / 2014년
55	자선	폰더 씨 같은 세상에 도움 되는 사람 되기	준비 중	진행 중
57	사업	심리학 공부하기	2015(45세)	*

매년 버킷리스트를 업데이트해왔습니다. 아래 몇 가지는 최근 새로 업데이트했습니다. 죽 살펴보니 어떤 소원은 이루어졌고, 새로운 소원이 생기기도 했고, 또 어떤 소원은 더 이상 원하지 않아 이 리스트에서 사라졌습니다.

버킷리스트를 몇 년간 실천하다 보니 리스트에 올릴 소원 목록이 점점 줄었어요. 하고 싶은 일은 더 많아졌는데도 말이죠. 이제 하고 싶은 일이 있으면 버킷리스트에 적지 않고 바로 실천해버리거든요. 당장 할 수 없는 일은 다음 해, 혹은 그 다음 해에 일정을 잡고 행동으로 옮기고 있습니다. 하고 싶은 일이라면 '죽기 전에'가 아니라 '10년 내'에 할 수 있겠더군요. 버킷리스트가 아닌 10년 안에 하고 싶은 일로 바꾸어 합니다.

소원, 꿈, 버킷리스트는 간절히 원하는 일입니다. 산신령이나 알라딘의 지니가 들어줄 법한 환상적인 소원이죠. 소원은 어떤 제약도 없습니다. 그저 원하는 것을 말하기만 하면 되지요. 도저히 현실적으로 가능성이 낮은 꿈, 분수에 넘치는 희망, 갈 수 없는 신기루 같은 것입니다. 소원을 현실로 만들려면 어떻게 해야 할까요?

나 자신의 지니가 되자

사실 세상은 사람들의 말도 안 되는 소원으로 이루어져 있습니다.

지치지 않는 말을 타고 싶다는 소원이 자동차를 만들었고, 밤을 낮처럼 환하게 밝히고 싶다는 소원이 전기를 만들었지요. 새처럼 날고 싶다는 소원은 비행기를 만들었고, 별에 가고 싶은 소원은 우주 탐사로 이어졌습니다.

오늘도 누군가의 소원은 이루어지고 있습니다. 원하는 것을 이루는 것은 절대적인 힘이 아닌, 원하는 것을 포기하지 않는 한 사람 한 사람의 힘입니다. 세상을 깜짝 놀라게 하는 소원도 이루어지는데, 개인적인 소원을 못 이룬 이유가 없습니다.

다만 현실에는 산신령이 없습니다. 소원을 이루어주던 부모님은 아이들에게만 통하는 요정이지요. 남편도, 아내도 서로의 지니가 되어줄 수 없습니다.

우리는 스스로 자신의 지니가 되어야 합니다. 독자님 안의 지니는 원하는 모든 것을 하도록 만들어줄 수 있습니다. 소원을 이루는 일은 원하는 것을 정확히 아는 데에서 출발합니다. 여러분이 스스로 지니가 되어 묻고 스스로 대답해보세요.

지금 원하는 소원은 무엇인가요?

원하는 것을 모를 때 하는 질문

소원을 잘못 말해 아내의 코에 소시지를 붙이고, 그 소시지를 다시 떼느라 세 가지 소원을 모두 써버린 나무꾼 이야기를 들어보셨나요? 가엾은 나무꾼은 이야기 속에만 있지 않습니다. 원하는 것이 무엇인지 모를 때 갑작스런 소원 성취는 불행의 씨앗이 될 수 있습니다.

미국에서 1,000만 달러 이상의 복권에 당첨된 사람들을 10년이 지나서 조사했더니 '이전보다 불행해졌다.'고 답한 이가 64%에 달했다고 합니다. 3억 1,500만 달러의 복권에 당첨된 사업가 잭 휘태커는 "복권 당첨은 축복이 아니라 저주였다."고 이야기했습니다.

우리나라에서도 로또 1등에 당첨됐던 형이 동생을 살해한 사건이 발생했습니다. 당첨금을 모두 잃은 후 동생 집을 담보로 빌린 대출금의 이자를 내지 못하게 되었고, 이를 계기로 형제의 다툼은 커져서 결국 비극이 일어나고 말았지요.

이런 이야기가 과연 그들만의 이야기일까요? 원하는 것을 제대로 알지 못하면 누구나 잘못된 선택을 하기 쉽습니다.

원하는 것을 알아내는 방법

독자님은 과연 소원을 이룰 준비가 되었나요?

돈도 없고, 시간도 없는 삶을 살고 있는 독자님께 세 가지 소원을 묻습니다. 무엇을 원하시나요? 아직 원하는 것을 모른다면, 찾는 방법이 있습니다. 아래 방법은 프랭클린 다이어리에 나오는 내용입니다. 원하는 것을 알아내기에 탁월한 방법이기요. 소원을 적을 때는 "내가 될 수 있을까?"처럼 현실 가능성을 따지지 않는 편이 좋습니다. 책 뒤에 있는 부록을 펼쳐 독자님의 소원을 적어보세요.

① 되고 싶은 모든 것

어떤 사람이 되고 싶은가요? 가장 존경하는 사람을 떠올리고, 그들의 특성을 적어보세요. 가까운 사람 중에 없으면 저자나 역사적 인물도 좋습니다.

> **예** 희망의 메시지를 전달하는 아름다운 사람, 행복하고 존경받는 부자, 함께 하고 싶은 친구, 감사할 줄 알고 열정적이며 긍정적인 사람(위의 예시 내용은 제 2006년 다이어리에 적혀 있는 내용입니다. 당시 저는 희망적이지도, 열정적이지도 않았습니다. 그래서 그런 사람이 되고 싶었습니다.)

② 하고 싶은 모든 것

살면서 무엇을 하고 싶나요? 가고 싶은 곳, 먹고 싶은 것, 하고 싶은 일을 적어보세요. 버킷리스트가 여기에 속하지요. 많이 적을수록 좋습니다.

> **예** 매년 책 한 권 쓰기, 50명의 진짜 친구 만들기, 마라톤 참가하기, 하모니카 연주하기, 오로라 보기. 미국 일주 여행, 스페인에서 스페인어 배우기, 산티아고 순례길 걷기, 시베리아 횡단 열차 여행하기, 영어 원서 자유롭게 읽기, 스쿠버다이빙 하기, 댄스 한 가지 배우기 ……

위의 예시 내용은 지금 제가 원하는 소원들입니다. 인생에서 하고 싶은 일이 사실 대단하지 않더군요. 그리 크지 않은 시간과 돈이 있으면 할 수 있습니다. 독자님이 하고 싶은 일은 무엇인가요? 마음껏 적어보세요.

❸ 갖고 싶은 모든 것

인생에서 반드시 갖고 싶은 것은 무엇인가요? 산타에게 크리스마스 선물을 받는다면 어떤 선물을 원하나요? 형체가 있는 것부터 형체가 없는 것까지 마음껏 적어보세요.

> **예** 수영장 있는 저택, 자신감 있는 아이들, 자기 일에 만족하는 남편, 월 ○○ 만 원의 노후 자금, 젊고 건강한 육체(2006년 저는 이런 소원을 빌었더군요. 소원을 빌었다는 건 그땐 그렇지 않았기 때문이지요. 기쁘게도 지금 아이들은 자신감이 넘치고, 남편은 자기 일에 만족하고 있습니다. 노후 자금 마련과 건강한 육체는 현재 진행 중입니다. 얼마 전에는 열심히 운동해 만든 몸의 프로필 사진을 찍었답니다. 마흔아홉 살 생일에 스스로에게 주는 선물이었어요.)

원하는 것은 고정되어 있지 않다

"매일 마음이 달라져요. 제가 진짜 원하는 건지 잘 모르겠어요."
독자님이 꼭 이런 맘인가요?
걱정 마세요. 이것이 솔직한 우리의 마음입니다. 얼마든지 마음이 바뀔 수 있어요. 고민 고민해서 적은 2006년도 소원 리스트에는 '고객 자산 100억 원 관리'라고 적혀 있지만, 지금은 그 소원에 전혀 관심이 없습니다.

고객 자신을 관리하기보다 제 자산을 늘리는 데 더 관심이 있습니다. 일을 그만두고 떠나는 세계 여행 대신 은퇴하지 않고 자주 떠나는 여행이 더 좋습니다. 게다가 여행은 이제 일상이 되었기에 소원 리스트에 크게 자리하고 있지도 않습니다. 여행 자체보다 그곳에서 무엇을 하는지가 중요해졌습니다. 수영장이 있는 저택에 대한 소원도 사라졌습니다. 관리하기 힘든 저택 소유 대신에 세계 각국의 호텔이나 에어비엔비 여행으로 저택에서 며칠씩 즐기는 일이 더 즐겁습니다.

사람이라면 오늘은 빨강색이 좋았다가, 내일은 파랑색이 좋을 수 있습니다. 뭐 어떤가요? 소원이 바뀌는 일은 자연스럽습니다.

"전에 말씀하시던 것과 다르네요. 세계 일주를 하겠다는 이야기는 거짓이었나요?"

혹시 누가 이렇게 비난한다면 대답하세요.

"네, 생각이 바뀌었어요!"

당신의 생각입니다. 바꾸어도 괜찮아요. 어차피 주위 사람들 중 1/3은 당신을 좋아하고, 1/3은 당신을 싫어하고, 나머지 1/3은 당신에게 관심이 없답니다. 당신이 원하는 것을 바꾸어도 좋아하는 사람은 여전히 좋아할 것이고, 바꾸지 않아도 싫어하는 사람은 여전히 싫어할 거예요.

무엇보다 주위의 시선이 걱정되어 진짜 원하는 것을 말하지 못한다면, 소시지가 코에 붙은 나무꾼보다 더 불쌍한 사람입니다. 물론 생각이 바뀌어서는 곤란한 일도 몇 가지 있습니다. 반려견을 키우다가 생각이 바뀌면 소중한 생명에게 위협이 되겠지요. 또 사업상 거래에서 생각이 바뀌면 사기꾼이 될 수 있습니다.

하지만 내 맘 속 꿈에 대한 생각은 아무도 건들 수 없어요!

원하는 것을 구체적으로 종이에 적자

'내가 그때 그런 생각을 했구나.'

종이에 적은 생각은 기록됩니다. 종이를 보면 메모하던 그날의 날씨도 떠오르고, 살살 불던 바람이 느껴지기도 합니다. 생각을 적을 때는 구체 적일수록 좋습니다. 오랜 시간이 지나고 기억이 가물가물해도, 알기 쉽게 구체적으로 적습니다. 구체적인 소원은 더 쉽게 이루어집니다.

구체적으로 묘사하는 방법에는 육하원칙과 SMART 방법론이 있습니다.

다이어리에 원하는 소원을 써보자.

① 육하원칙

육하원칙은 역사 기록, 보도 기사 따위의 문장을 쓸 때에 지켜야 하는 기본적인 원칙입니다. '누가, 언제, 어디서, 무엇을, 어떻게, 왜'의 여섯 가지가 들어가야 정확한 내용을 알 수 있습니다. 영어로는 5w1h의 방식으로 표현합니다. who, when, where, what, why, how가 들어간 문장입니다.

그런데 이때 소원 목록의 주체는 '자기 자신'이고, 목적은 '원하기 때문'이니 '언제, 어디서, 무엇을, 어떻게'의 4가지 내용만 들어가도 괜찮습니다. 예를 들어볼까요?

"내년 여름 하와이에서 서핑보드를 타고 있을 거예요."

"마흔 살이 되면 개발도상국 아이들을 위해 학교 짓기 봉사 활동을 하고 있을 거예요."

② SMART

SMART 방법론은 성공적인 프로젝트의 기준을 명확하게 제시합니다. 프로젝트의 목표를 정의하고 실천하기 위한 기준은 SMART의 약자로 모두 설명합니다. 여러분의 소원 목록이 얼마나 SMART한지 확인해 보세요.

- S(pecific): 목표 정의가 분명해야 합니다. 적당한 단어를 찾으세요.

- M(easurable): 측정 가능해야 합니다. 숫자가 좋습니다.

- A(ssignable): 목표를 위한 책임자를 정합니다. 소원 책임자는 늘 '자기 자신'입니다.

- R(ealistic): 계획은 현실성이 있어야 합니다. 꿈은 높이 꾸되 계획은 현실과 연

결합니다. 우리는 이 책에서 이 부분을 연습할 거예요.

- **T(ime-related)**: 소원에는 분명한 기간이 필요합니다. 기한 목표를 잡지만, 거기에 얽매이지는 마세요. 현실에서는 조금 더 빠르게 이루어지기도 하고, 조금 더 늦게 이루어지기도 합니다.

"서른 살이 되기 전에 세상에 긍정적인 메시지를 남기는 책을 쓰고 싶어요."
"어머니께 넓은 창이 있는 집을 사드리고 싶어요."
이런 소원도 충분히 이루어질 수 있지요.

원하는 것에 한계는 없다

앞서 SMART에서 Realistic(현실성)은 잊어주세요. 현실에 맞는 꿈은 더 이상 꿈이 아닙니다. 현실을 넘어설 때 기적이 이루어지니까요. 소원의 현실성은 잊으라는 말은 원하는 것을 찾을 때는 어떤 방해도 없다는 사실을 전제합니다.

예를 들어 어두운 곳을 밝히는 빛을 원할 때, 전구라는 실물은 존재하지 않았습니다. 감히 상상할 수 없는 것을 원하는 사람은 특별한 능력으로 꿈을 현실로 이루어냅니다.

원하는 것을 찾을 때 방법은 고민하지 않습니다. 오직 원하는 것이 무엇인가에 초점을 맞추세요. 원하는 것이 무엇인지 아는 것이 먼저입니다.

원하는 것을 분명히 한 다음에는 방법을 찾습니다. 그때 꿈과 현실을 연결하면 됩니다. 원하는 꿈을 현실에서 이루기 위해 시간이 필요하겠지요. 그 방법을 우리는 이 책에서 이야기하고 있습니다. 기억하세요! **원하는 것이 무엇인지 정확히 아는 것이 먼저, 현실적인 방법은 그다음이에요.**

원하는 것을 이룬 모습을 상상하라

원하는 것을 이루고 난 후 여러분과 주위 친구들의 모습을 상상해보세요. 소원은 모두에게 좋은 일일수록 좋습니다. 함께하는 사람이 행복해지면 좋고, 독자님과 상관없는 사람도 행복할 수 있다면 더욱 가치가 있겠지요.

혹 독자님의 소원이 다른 이를 힘들게 하고, 나만 행복한 일인가요? 그 일을 원하는 것이 과연 옳은 일일까요? 다른 이에게 해를 입히는 소원을 이룬 사람들 때문에 전쟁이 일어나고, 다툼과 싸움이 일어납니다. 남을 해치는 일은 스스로를 해치기도 합니다.

인간은 남에게 도움을 주는 사람이 되려는 욕구가 있습니다. 이를 '인정 욕구'라고 합니다. 우리는 다른 사람들에게 도움이 되는 무언가를 만들고 권하면서 성장해왔습니다. 내가 하고자 하는 일이 '내가 정말 원하는 일인지' 확신이 없을 때는 결과를 상상해 보세요. 영향을 주고 싶은 사람에게 감사와 존경의 인사를 받는 장면을 그려보세요. 명확한 결과가 그려지면 원하는 그 일을 해내는 과정이 더 즐겁습니다.

생각만으로도 행복감을 느낀다면 그 일을 하셔야 합니다. 저는 독자님이 자신의 시간을 자유롭게 컨트롤하는 모습을 상상해 봅니다. 더 이상

의미 없이 소파에 파묻혀 있지 않고, 원하는 것을 찾아 한 발 두 발 내딛는 모습을 그려봅니다. 상상만으로도 행복합니다. 그래서 저는 이 책을 쓰고 있습니다.

밝은 등대를 세우고 따라가라

그렇지만 세상이 만만한가요? 꿈을 잊지 않고 살기에는 현실이 너무 팍팍하고 삶은 바쁩니다.

가족들을 부양하고 먹고살려면 끔찍하게 싫은 일을 꾸역꾸역 해야 합니다. 최선을 다했지만 열심히 하던 일이 물거품이 되고, 가진 것을 허무하게 잃어버리기도 하지요. 꿈을 찾다가 마음의 상처를 입기도 합니다. 그럴 때 친구와 가족들은 독자님의 마음을 알아주기는커녕 조롱하고 외면합니다.

살다 보면 한때는 정신없이 돈을 쫓고, 또 어떤 때는 명예를 좇습니다. 얼굴도 모르는 사람들에게 떠밀려 이리저리 헤매기도 합니다. 도대체 언제 원하는 일을 할 수 있을까요?

망망대해에서 갈 길을 알려주는 것은 작은 불빛입니다. 원하는 목표를 구체적으로 세우고 나면, 소원을 등대 삼아 나아가야 합니다. 그 길로 가다 보면 힘들어서 그만두고 싶기도 하고, 가끔은 원했던 일 자체를 잊습니다. 목적지를 잃고, 길을 잃은 배는 이리저리 흔들리게 마련이지요. 그러나 배는 흔들려도 등대는 흔들리지 않아요. 배가 길을 잃어 멀리 떠밀려오다가도 등대 불빛을 찾으면 돌아갈 수 있습니다. 원하는 것을 찾

있으면 마음의 소원 등대를 밝히세요.

밝고 환한 소원 등대를 마음의 중심에 세우세요.

그 소원 등대를 따라가기만 하면 됩니다. 현실의 바다에서 헤맬 때 소원 등대를 기억해내세요. 독자님의 소원이, 독자님이 그곳에 오길 기다리고 있다는 사실을 기억하세요.

이제 헤매기를 그만두고, 소원 등대로 향할 시간입니다.

소원 등대로 향하는 동안 제가 도와드릴게요.

07

징검다리를 놓아 시간을 연결하다

시간의 징검다리 놓기

소원 등대를 밝혔다면 이제 그곳으로 가 볼까요?

원하는 곳으로 이동하기 위해서는 일정 시간이 필요합니다.

시간은 흘러가지 않습니다. 시간은 순간과 순간의 연결입니다. 순간이 점이라면, 시간은 선입니다. 어제와 오늘은 연결되어 있습니다. 징검다리처럼 말이죠. 시간의 징검다리는 과거에서 현재를 거쳐 미래로 연결됩니다. 돌이 촘촘하게 놓여 있으면 안정적으로 건널 수 있고, 돌 간격이 넓으면 건너다가 발을 물에 빠뜨릴 수도 있지요.

지금의 현실에 만족한다면 기존의 돌다리로 안전하게 건널 수 있을 거예요. 그러나 방향 전환을 원한다면 부지런히 더 많은 돌을 놓아야 합니다. 만약 독자님이 미래의 큰 변화를 원한다면 돌의 간격을 넓혀 점프를 해야 할 수도 있어요.

그건 위험을 감수하는 일이지요. 발이 물에 빠지거나 발을 헛디뎌 다칠 수도 있으니까요. 발이 젖는 것이 두려워 돌의 간격을 넓히시 못하면, 변화는 일어나지 않습니다. 내일의 변화를 원한다면, 오늘 새로운 돌다리를 놓아야 합니다.

어제와 오늘은 징검다리처럼 연결되어 있다.

'어제와 오늘은 연결된다.'

이것은 자연의 절대 불변의 법칙 중 하나입니다.

오늘의 우리는 어제 한 일의 결과입니다. 어제 술을 마셨으면 오늘 숙취가 있을 것입니다. 어제 운동을 했다면 오늘 근육통이 있겠지요. 어제의 독자님이 오늘의 독자님을 만들었습니다.

만약 지금 독자님이 원하는 상태가 아니라면, 그것은 어제의 독자님 때문입니다. 이 책을 읽는 독자님이 서른 살이 넘었다면 결코 부모와 출신 배경을 탓할 수 없습니다. 어리석었던 스무 살의 자신을 탓해야겠지요. 그리고 마흔 살의 자신이 서른 살의 자신을 탓하지 않도록 지금부터 준비해야 합니다. 독자님이 아직 스무 살이라면, 이제부터 시작입니다. 서른 살의 독자님을 책임질 사람은 스무 살인 지금의 독자님이니까요.

과거가 미래를 지배하도록 내버려두지 말자

이 진리를 깨달은 이들은 일찌감치 자신이 원하는 삶을 살아갑니다. 늦게라도 깨달았으면 다행이지요. 불행하게도 많은 사람들이 시간의 징검다리를 알아보지 못하고 평생을 살아갑니다. 심지어 하고 싶은 일이 무엇인지 몰라 소원 등대를 밝혀보지 못하고 살아갑니다. 오늘 하루를 어떻게 보낼지 생각해 본 적도 없이 살아갑니다. 그러면서 이렇게 말하지요.

"내가 얼마나 열심히 살았는데……."

"어떻게 나에게 이럴 수 있지……."

"이렇게 될 줄 몰랐어……."

저도 한때는 투덜이였습니다. 불우한 어린 시절과 처해진 상황을 원망했지요. 태어날 때부터 가지지 못한 것에 대해 불평하고, 원망했습니다. 계속되는 불운에 억울하기도 했습니다. 남을 탓하고, 더 많이 가진 사람들을 시기했어요.

'오늘의 나는 어제의 내가 직접 만든 것'임을 인정한 이후 비로소 달라질 수 있었습니다. 이제 저는 현재의 모습을 인정할 수 있습니다. 현재의 모습을 책임져야 하다는 사실도 알고 있습니다.

독자님은 어떠신가요?

과거가 독자님의 미래를 지배하도록 내버려두어서는 안 됩니다. 독자님은 오늘을 변화시켜 스스로의 미래를 책임져야 합니다. 스스로 정한 소원 등대의 모습을 현실로 만드는 일이 바로 지금 우리가 할 일입니다. 우물쭈물하기에는 우리에게 남은 시간이 결코 길지 않습니다.

마흔 살이 넘어 이루어진 어릴 적 꿈

"책은 아무나 쓰니?"

제가 책을 쓰겠다고 했을 때 주위에서 하던 이야기입니다.

책 좋아하는 저는 제 이름으로 된 책 한 권 쓰는 것이 소원이었습니다. 아이를 키울 때는 아이 키우는 이야기를 쓰고 싶었고, 여행을 다닐 때는 여행 이야기를 쓰고 싶었습니다. 경매를 하게 된 후 경매 이야기를 쓰기 시작했고, 그렇게 첫 책 《나는 돈이 없어도 경매를 한다》를 세상에 선보였습니다. 지금은 제 책을 기다리는 독자가 몇 분이라도 계시지만, 첫 책을 쓸 당시에는 아무도 없었습니다. 저를 눈여겨보는 출판사도 당연히 없었지요.

그 누구도 제가 책을 쓸 수 있을 거라 믿지 않았습니다. 저는 겨우 3년차 햇병아리 투자자였고, 당시 경매 책은 고수들이 쓰는 분위기였습니다. 게다가 책을 쓰고 싶은 마음만 있을 뿐 글 쓰는 방법을 알지 못했지요. 주위에 책을 내 본 사람도 없었습니다. 저는 새로운 것을 배울 때 먼저 관련된 책을 찾아봅니다. 도서관에서 책 쓰기와 관련된 책을 찾아 모두 읽었습니다. 그리고 책 쓰기 특강을 들었습니다. 고가의 프로그램이 아닌 저렴한 하루짜리 특강이었습니다.

책과 강의에서 팁을 얻어, 도서관에서 혼자 글을 쓰기 시작했습니다. 제 책을 출간할 출판사는 평소 제가 좋아하던 책 속에서 찾았습니다. 모든 출판사는 자신의 책 속에 연락 가능한 이메일을 적어둡니다. 나름대로 작성한 목차와 출간 기획서, 그리고 몇 꼭지의 원고를 출판사들에게 보냈습니다.

총 10곳의 출판사에 기획서를 보냈고, 6곳에서 연락을 받았습니다. 그중 제가 평소 좋아하던 길벗과 인연을 만들었어요. 이렇게 저는 꿈꾸던 작가가 되었습니다. 그것도 세 권이나 냈으니, 경매 관련 책 부문에서는 이제 나름 전문가이지요.

심지어 제 책은 경매 책 중 가장 많이 팔린 책으로 8년이 지난 지금도 서점에 비치되어 있습니다. 잊고 있던 어릴 적 꿈을 마흔 살이 넘어서 이루게 된 셈이지요.

시간의 징검다리 계산법
어제 + 오늘 = 내일

지금 갖고 있는 것이 1이고, 3의 결과를 갖고 싶다면 2를 추가하면 됩니다. 가진 것이 하나도 없다면 오늘 3을 만들어야 합니다. 모두 새로 이루어내면 됩니다. 어제와 내일은 오늘을 사이에 두고 연결됩니다. 시간의 흐름은 공간의 이동과 같습니다. 시간은 우리를 완전히 다른 곳으로 데려다줍니다.

지금 무엇을 하고 있나?

지금 걷는 그 걸음이 꿈꾸던 그 일을 하기 위한 발걸음인가요?

그 일을 잘할 수 있을지, 없을지는 고려 사항이 아닙니다. 일단 해보기 전까지는 잘하는지 알 수 없어요. 저도 제가 글을 쓸 줄 안다는 사실을 마흔 살이 넘어서 처음 알았습니다. 하고 있는 그 일이 최고의 순간을 위한 과정이라면, 그 자체로 충분히 가치가 있습니다. 시간은 독자님을 최고의 그 순간으로 데려다줄 것입니다. 여러분이 포기하지만 않는다면 말이지요.

시간의 징검다리 원리를 이해하셨다면, 이제 직접 돌다리를 놓아봅시다. 독자님의 미래를 바꾸고 싶다면 그 미래로 연결되는 돌다리를 놓아야 합니다. 바로 오늘, 지금 말이지요.

08

인생 퍼즐로
시간을 거꾸로 배치하라

미래에서 오늘로 향하는 시간 배치

소원 등대가 반짝이는 모습과 현재 독자님의 모습은 분명 차이가 있습니다. 그러나 오늘 하는 무언가로 미래를 변화시킬 수 있습니다. 오늘 놓는 돌다리가 미래를 바꾸지요.

영화 〈터미네이터〉에서 카일 리스는 2029년에서는 존 코너의 부하입니다. 그러나 과거로 거슬러간 1984년에서는 존 코너의 아버지입니다. 미래가 과거보다 먼저 존재하는 셈이지요. 《익숙한 것과의 결별》의 저자 구본형은 '터미네이터의 시간'을 이야기합니다. 거꾸로 보는 시간의 관점입니다. 미래와 현재가 연결되어 있습니다. 그렇다면 미래에서 현재를 본다면 지금 무엇을 해야 할까요?

오늘은 '이미 완벽한 삶을 살고 있는 미래의 나'를 위해 굉장한 반전을 일으켜야 하는 절묘한 타이밍입니다. 독자님이 터미네이터처럼 과거로 돌아갈 수 있다면 무엇을 바꾸시겠어요?

원하는 미래를 위해서 현재인 오늘, 무엇을 해야 할까요?

그것이 무엇인지 어떻게 알 수 있을까요?

거꾸로 인생 퍼즐

미래를 연결할 징검다리를 이해하기 위해 퍼즐 놀이로 이야기해볼 게요. 1,000조각 퍼즐 맞추기를 해보셨나요? 그림의 작은 조각이 1,000개가 있어요. 이 조각들을 제자리에 맞추어 전체 그림을 완성하는 놀이이지요. 아름다운 퍼즐이 완성된 모습을 완벽한 인생이라고 가정해봅시다.

인생 그림을 완성하기 위해 1,000개의 순간이 필요합니다. 조각을 잘못 맞추면 그림의 모습도 일그러지겠지요. 시간의 퍼즐 그림을 완성하기 위해 시간을 배치해 봅시다.

① 퍼즐의 전체 그림 파악하기

퍼즐의 전체 그림을 먼저 확인한다.

퍼즐 상자에는 전체 그림이 나와 있습니다. 퍼즐 맞추기를 시작하기 전에 반드시 전체 그림을 봐두어야 하지요.

인생의 전체 그림은 언제 완성될까요? 죽음을 맞을 때겠지요. 혹 독자님은 죽음을 이야기하기 불편할지 모르겠습니다. 우리는 절대 죽지 않을 것처럼 살고 있으니까요. 더 가지려고 아무리 애써도 결국 다 놓고 맨몸으로 갈 수밖에 없습니다. 죽음을 인정하면 편안합니다. 존재의 한계를 인정하면 두려워하지 않을 수 있습니다.

마지막 순간이 가장 중요합니다. 영화에서 주인공이 아무리 험한 일을 겪어도 해피엔딩이면 행복한 영화로 기억에 남습니다. 여행지에서 가장 좋은 숙소에 마지막에 머물면 럭셔리한 여행으로 기억될 것입니다. 우리는 누구나 유한한 삶을 삽니다. 죽음은 싸울 대상은 아닙니다. 어떤 고생을 했더라도 죽음의 순간이 평온하면 잘 산 인생이지요. 독자님도 만족스러운 인생의 마지막 순간을 그려보세요. 거꾸로 인생 퍼즐의 큰 그림입니다.

예 100살의 나는, 지금보다 더 나은 세상이 되는 데 도움이 된 사람입니다. 그런 사람이 되면 기쁩니다. 가치 있고, 사회에서 환영받는다는 뜻이니까요. 제자를 가르쳤고, 배움을 나누었습니다. 재산은 재단을 통해 사회에 환원될 것입니다. 나는 자연스러운 주름과 꼿꼿한 허리를 가졌고 두 다리로 걷습니다. 일가를 이룬 자식들은 제 몫을 하고, 오랜 친구인 남편이 곁을 지키고 있습니다. 나는 떠날 준비가 되었습니다.

② 퍼즐의 네 귀퉁이 끼우기

퍼즐 조각의 모양을 확인해 네 귀퉁이를 찾는다.

퍼즐의 작은 피스 중에서 두 면이 모서리인 조각은 딱 네 개뿐입니다. 네 귀퉁이 퍼즐 조각은 천 개 중에서도 찾기가 쉽습니다. 네 귀퉁이를 맞추는 것이 퍼즐 맞추기의 시작입니다. 퍼즐의 중심을 잡는 일이기도 하지요.

거꾸로 인생 퍼즐의 중심은 무엇일까요?

인생에서 가장 중요한 네 가지는 건강, 사람(가족과 친구), 일과 돈입니다. 사람마다 그 중요도는 조금씩 다르지만, 이 네 가지는 누구에게나 중요합니다. 네 가지 중 무엇이 중심이 무엇이냐에 따라 퍼즐의 그림이 달라집니다. 가족이 더 중심인 사람이라면, 주말에 가족과 보내는 시간을 만들 것이고, 건강이 중심인 사람은 건강관리를 위해 운동 시간을 가져야 합니다.

건강, 사람, 일, 돈의 밸런스를 유지하고 오늘을 사는 사람은 균형 잡힌 그림을 완성할 수 있습니다. 퍼즐의 네 귀퉁이를 찾아 삶의 가치관을 세웁니다. 그다음에는 일상의 루틴을 만들어 매일 실천합니다.

예

건강: 좋은 음식을 먹고, 충분한 휴식을 취하고, 일정 몸무게를 유지하기.

사람: 소중한 사람에게 시간 할애하기, 마음 표현하기.

일: 가치 있는 일을 제대로 하기, 글과 말로 배움을 전달하기, 세상을 바꾸는 일 하기.

돈: 충분히 벌고 가치 있게 쓰기, 물건보다 경험에 투자하기.

3 퍼즐의 가장자리 찾기

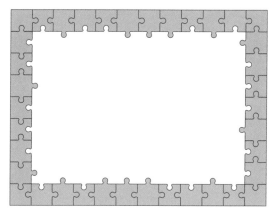

퍼즐 조각의 모양을 확인해 가장자리를 먼저 완성한다.

퍼즐 조각은 사면이 울룩불룩하지만, 가장자리 퍼즐은 한 면이 직선입니다. 가장자리 퍼즐은 가운데 퍼즐에 비해 수가 적어서 찾기 쉽습니다. 또 가장자리는 맞추기도 쉽습니다. 가장자리는 전체 퍼즐의 틀과 가운데 퍼즐을 연결하는 역할을 합니다.

퍼즐의 가장자리를 모두 채우고 나면 퍼즐의 전체 그림이 좀 더 뚜렷해지지요. 가장자리 퍼즐은 독자님이 원하는 구체적인 모습입니다. 내가 되었으면 하는 모습을 정하면 현재를 살아가는 이유가 생깁니다.

원하는 구체적인 모습은 단숨에 이룰 수도 있지만, 시간이 많이 필요할 수도 있습니다. 우리는 이 책에서 12개월 안에 이루어내는 일에 집중해봅니다.

12개월이라는 시간 안에 어떤 일을 할 수 있을까요? 독자님은 얼마나 어떻게 변화할 수 있을까요? 저는 12개월 매직플래너로 인생을 변화시켜왔습니다. 제대로 세운 매직플래너는 12개월이라는 그리 길지 않은 시간 동안 많은 일을 하게 해줍니다. 다음 장에서 퍼즐의 가장자리에 위치하는 12개월 매직플래너에 대해 자세히 이야기해드릴게요.

④ 퍼즐의 가운데 채워가기

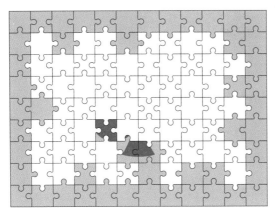

퍼즐의 나머지를 채운다.

가장자리 퍼즐을 찾고 나면 가운데를 향하여 퍼즐을 맞추어 갑니다. 퍼즐은 한가운데에서 가장자리로 가는 것이 아니라, 가장자리에서 가운데로 맞추어 나가지요. 멀리서 가까운 방향으로 길을 거슬러 올라오는 방식이에요.

그래서 그림의 가운데로 올수록 헷갈립니다. 이 퍼즐 조각이 맞는 것 같기도 하고, 저 퍼즐 조각이 맞는 것 같기도 하지요. 모양도 색도 비슷하기에, 실수로 퍼즐을 잘못 끼워도 눈치 채지 못할 수도 있어요. 괜찮아요. 잘못 맞춘 퍼즐은 다시 제자리를 찾을 수 있습니다. 처음부터 실수없이 제자리를 찾는 사람은 없답니다.

때로 가운데 퍼즐을 맞추다가 어떤 형체를 완성하면 전체 그림을 맞추기 더 쉽지요. 현실에서도 하던 일에서 작은 성과를 만들면 원하는 일을 더 쉽게 완성해낼 수 있습니다.

퍼즐 중 윤곽을 먼저 완성한다.

가운데 퍼즐은 현재를 사는 우리의 모습과 같아요. 오늘의 우리는 이리저리 헤맵니다 당연히 가야 힐 일을 두고 멀리 돌아가지요. 멀리서 보면, 또 지나고 나면 당연하지만, 그 순간에는 도무지 길을 찾을 수 없어요. 오늘을 살면서 헤매지 않는 사람이 있을까요? 매 순간 어디로 가야 할지, 그 길을 찾기 위해 고민하는 태도는 지극히 정상입니다. 그저 너무 많은 시간을 방황하는 데 쓰지 않기를 바랄 뿐이지요.

가장자리부터 퍼즐을 차근히 맞추면 가운데 퍼즐에서 실수를 줄일 수 있듯이, 목적지가 어딘지 알면 오늘 해야 할 일을 알 수 있습니다.

작은 퍼즐로는 작은 성공을 이룰 수 있다

1,000 피스짜리 큰 퍼즐이 인생 퍼즐이라면, 작은 성공을 이루는 100피스짜리 작은 퍼즐도 있습니다. 오늘 작은 퍼즐 하나를 완성하면 어제와 오늘을 연결하는 작은 징검다리가 됩니다.

제가 놓은 징검다리 중 하나를 예시로 보여드릴게요. 독자님도 각자 자신만의 퍼즐 하나를 부록에 적어보시기 바랍니다.

어릴 적 《80일간의 세계 일주》를 읽고 세상 구경을 하고 싶었습니다. 버킷리스트 중에는 1년간 해외에서 살기, 외국에서 공부하기, 외국인과 인생 이야기 나누기라는 내용이 있습니다. 그러기 위해서 영어를 자유롭게 구사하고 싶었습니다.

① 전체 그림 보기

제가 원하는 그림은 외국에서 생활하면서 공부도 하고, 외국인 친구를 사귀는 것이지요. 저 자신을 위해서, 그리고 아이를 위해서 어학연수를 떠나기로 마음먹었습니다. 공식적으로는 아이를 위한 떠남이었습니다. 행선지를 필리핀으로 정하고, 그곳으로 떠날 마음을 먹었습니다.

② 네 귀퉁이 끼우기

어학연수를 떠나기 위해 중요한 네 가지를 정합니다.

> **건강**: 건강은 기본이죠. 함께 떠날 아이의 건강도 함께 관리합니다.
>
> **사람**: 가족들에게 양해를 구합니다. 남편과 남게 될 두 아이들은 적극적으로 지지해주었습니다.
>
> **일**: 떠나기 전에 하던 일을 마무리하고, 현지에서 할 일로 책을 쓰기로 합니다.
>
> **돈**: 쓸 돈을 준비합니다. 미리 준비한 비용 외에, 일하지 않아도 입금될 수입을 만들기 위해 노력합니다.

③ 가장자리 찾기

떠나기 위해 구체적인 계획을 세웁니다. 2015년에 저는 어학연수를 떠나기 위한 계획표를 세웠습니다. 온 가족이 1년간 떠나고 싶었지만, 현실적으로 어렵더군요. 큰아이들은 학교에 다니고 있었고, 남편도 생업이 있었죠. 저도 그렇게 오랫동안 일을 놓을 수 없었습니다.

차선책으로 1년이라는 시간을 몇개월씩 나누어 떠나기로 했습니다. 그렇게 2017년에 아이의 겨울방학 동안 첫 어학연수를 갔습니다.

④ 가운데 채워가기

우리는 얼렁뚱땅 3개월간의 첫 연수를 마치고 한국으로 돌아왔습니다. 그때 아이의 영어 실력은 별로 늘지 않았고, 제 실력도 전혀 나아지지 않았습니다. 집에 남아 있던 아이들은 엄마의 빈자리를 느끼고 있었지요. 남편도 힘든 시간을 보냈습니다.

'내 욕심에 괜한 짓을 하는 건가?'

이런 생각이 들었습니다. 하지만 자유롭게 외국을 다니고 싶은 소원은 포기할 수 없었고, 그러기 위해 영어 공부는 필수였습니다. 4개월 후 두 번째 연수를 떠났습니다. 3개월의 연수 후 제 영어 실력은 단어만 나열하던 수준에서 조금 벗어났고, 아이의 실력은 급상승했습니다.

현실은 바빴고 해야 할 일이 많아서 오랜 시간 떠날 수는 없었습니다. 다음 해 연수는 3주로 짧게 마무리했습니다. 저는 이제 조금 알아들을 수 있게 되었고, 아이의 실력은 수준급이 되었습니다. 그렇게 몇 개월씩 1년 간의 언어 연수를 마쳤습니다. 저는 아직도 원하는 말을 영어로 잘하지 못합니다. 목표는 분명하고 하고 싶은 일도 정해져 있는데, 현실이 따라주지 않습니다. 하지만 포기하지 않습니다.

영어 공부를 하면서 제게 몇몇 외국인 친구들이 생겼습니다. 저는 여전히 완벽한 문장으로 대화하지 못하지만, 이제는 친구를 위로해주거나 응원해줄 수 있습니다. 저는 친구에게 가을 단풍 모습을 카톡으로 보내주고, 친구는 크리스마스 연하장을 보내줍니다. 80일간의 세계 일주처럼 세상을 구경하고 싶은 어릴 적 꿈은 아직 유효합니다.

저는 지금도 세상 구경을 위한 오늘의 징검다리를 놓고 있는 중입니다.

STEP

2

모자라는 시간을
만드는 법

목표는 세웠지만, 거기까지 갈 시간이 없다면 어떻게 될까요? 자기도 모르게 서서히 그 목표를 포기하게 됩니다. 그래서 없는 시간을 만들어 내는 방법을 알아내야 합니다. 내 시간을 야금야금 잡아먹는 시간 도둑 부터 잡아야죠!

09

시간 도둑을 잡는다

디지털 시간 도둑

"뭐해? 일 안 해?"

"잠깐만, 요거 조금만 하고. 테이블 치워야 해."

지방에 집수리를 하러 간 날이었습니다. 싱크대에 필름 작업도 하고, 변기도 새로 놓아야 하고, 페인트칠과 도배까지 해야 하는 바쁜 일정이었습니다. 일을 하다 말고 핸드폰을 붙잡고 있는 제게 남편이 한마디 했습니다.

얼마 전 다운받은 스마트폰 게임에 정신이 팔려 있었거든요. 아기자기한 작은 커피숍을 운영하는 게임이었습니다. 커피를 클릭하면 커피가 볶아지고, 손님 캐릭터에게 커피를 팔면 돈을 벌 수 있지요. 그 돈으로 테이블을 늘리면 손님이 더 많이 와서 돈을 불리는 방식이었습니다.

돈을 벌면 가게를 더 넓힙니다. 가게를 넓힐수록 손님은 더 많이 오고, 주인인 저는 더 바빠집니다. 게임에 빠진 저는 커피를, 테이블을, 손님을 계속 클릭했습니다. 잠깐 현실에서 일을 하고 있으면, 가상 카페에 올려둔 커피가 다 타버리고, 테이블에 쓰레기가 쌓였죠.

게임에서는 일을 더 할수록 손님이 더 많이 왔어요. 그래서 돈을 더 벌었지요. 현실과 똑같았습니다. 현실에서는 일을 더 하면 돈을 더 벌고, 그 돈으로 사야 살 것과 해야 할 일이 더 많아집니다. 저도 사업이 잘될수록 해야 할 일은 늘어났거든요.

미친 듯이 게임을 하다 보니 눈은 시리고, 머리는 무겁고, 어깨가 아파왔습니다.

'내가 뭘 하고 있지?'

정신을 차리고, 결국 게임을 삭제했습니다. 게임은 한번 시작하면 쉽게 그만둘 수 없는 중독성이 있습니다. 시간을 잡아먹는 도둑으로 일등입니다.

공짜, 무료?

"커피 한잔 하실래요?"

포인트를 모아주는 앱에서 알람이 뜹니다. 저도 모르게 터치를 합니다.

"애플리케이션 다운받으면 커피 무료!"

귀여운 캐릭터가 클릭을 유도하고 다운받기까지 클릭하면, 회원 정보를 입력하는 창이 뜹니다. 이 단계에서 정신이 번쩍 듭니다.

'아…… 뭐하고 있나.'

집중은 이미 깨졌고, 소중한 시간은 이미 날아갔습니다. 이런 순간이 하루에도 여러 번입니다. 온갖 어플의 알림은 2분, 5분을 티도 나지 않게 훔쳐갑니다. 무료 커피 한 잔에 개인 정보를 팔고, 소중한 시간을 도둑 맞습니다.

모두가 스마트폰

장거리 여행 중 비행기가 비엔나에서 잠시 정차한 적이 있었습니다. 승객들은 한 시간 가량 승객 대기실에서 대기하며 비행기 주유와 정비가 끝날 때까지 기다렸습니다. 이때 저는 재미있는 광경을 목격했습니다. 세계 각 나라에서 온 승객들이 비행기에서 내리자마자 모두 같은 행동을 했습니다. 사람들은 모두 스마트폰을 켜고 무언가를 하기 시작했습니다. 승객 대기실에서 가장 인기 있는 자리는 콘센트 옆자리였습니다. 힐끗 보았더니 어린이들은 게임을 하고, 어른들은 SNS를 하고 있었습니다.

어디에서든 사람들은 스마트폰을 보고 있습니다. 길거리에서 멍한 표정으로, 스마트폰만 보고 걷는 사람을 좀비에 빗대어 스몸비(smombie)라고 합니다. 2009년 아이폰이 국내에 첫 등장한 후, 스마트 기기 보유율은 급속히 증가했습니다. 2013년을 기점으로 모바일 점유율이 데스크톱보다 높아졌지요.

사람들은 스마트폰으로 게임을 하고, 인터넷 뉴스를 검색하고, SNS를 합니다. 과학기술정보통신부와 한국인터넷진흥원의 2018년 인터넷이용실태조사에 따르면 인터넷 이용자는 주로 여가 활동(이미지, 동영상, 영화, 음악, 게임), 정보 획득 활동(상품 서비스 검색, 뉴스나 잡지 읽기), 소비 금융 활동, 커뮤니케이션 활동을 위해 인터넷을 이용하고 있습니다.

우리나라 1,975만 가구 중 1,965만 가구가 인터넷을 이용하고 있습니다. 그러므로 현재 99.5%가 인터넷에 접속 중이며, 접속 기기 중 스마트폰 이용률은 94.3%로 가장 많습니다.

별로 친하지 않은 SNS 친구에게 쏟는 시간

제가 스마트폰으로 가장 많이 사용하는 앱은 카카오톡입니다. 앞 조사에서도 최근 1년 이내 인스턴트 메신저를 이용한 사람 중 카톡을 자주 이용하는 사람의 비율은 99.2%로 압도적입니다(페이스북 30.8%, 라인 11.0%, 네이트온 9.6%).

저도 단체 카톡 방이 여러 개 있습니다. 여러 모임의 친구들과 업무와 관련된 사람들, 아이들 반 엄마들까지 카톡으로 연결되어 있습니다. 예전에는 약속 장소가 바뀌면 일일이 전화를 했지만, 지금은 단톡 방에 공지로 올리면 그만이지요. 이 때문에 카톡을 확인하지 않을 수 없습니다. 모임에서 혼자 다른 장소에 가 있을지도 모르니까요.

주로 이용하는 SNS 서비스로는 '페이스북'이 65.7%로 가장 많았습니다. '카카오스토리' 49.6%, '인스타그램' 41.0%, '네이버밴드' 33.3% 등의 순입니다. 최근에는 인스타그램 이용자가 더 많아지는 추세입니다. SNS를 이용하는 사람 중 81.2%가 '친교·교제를 위해서'라고 답했습니다. SNS 어플에서는 친구가 글을 올리면 알림을 보내줍니다. 알림을 확인한 이용자는 친구가 올린 글이나 사진에 '좋아요'를 클릭해서 관심을 표현합니다.

온라인상으로 연결된 친구에게 관심과 사랑을 보내면서 우리는 많은 시간을 할애합니다. 별로 친하지 않은 온라인 친구가 오늘 무엇을 먹었는지, 정말 관심 있으신가요?

스마트폰에서 내 시간을 지키는 방법

현재는 4차 산업혁명 시대입니다. 신기술로 새로운 사업 모델이 계속 나오고, 그 한가운데 스마트폰이 있습니다. 최재붕 교수는 《포노사피엔스》에서 스마트폰이 낳은 신인류를 이야기합니다. 태어날 때부터 자연스럽게 스마트폰을 접해서 스마트폰이 뇌이자 손인 신세대들에 대해서 말입니다.

이들은 활자 내신 녕상으로 시식을 접하고, 구글로 검색하며, 페이스북과 인스타그램으로 소통합니다. 이들이 좋아하는 콘텐츠는 팬덤이 형성되고, 팬덤의 크기가 클수록 비즈니스는 확장됩니다. 거창하게 비즈니스를 이야기하지 않더라도 스마트폰의 와이파이가 연결되지 않거나, 배터리가 소진되면 가던 길도 찾지 못하는 세상입니다. 결국 스마트폰을 아예 이용하지 않을 수는 없습니다.

스마트폰을 제대로 이용하면서 시간을 도둑맞지 않는 방법이 있습니다. 스마트폰의 장점을 이용하면서 몰입(Flow)하여 딥 워크(Deep Work)를 하면, 폰을 제대로 이용하는 호모사피엔스가 될 수 있습니다.

'몰입(Flow)'은 무언가에 흠뻑 빠져 있는 심리적 상태를 의미합니다. 현재 하고 있는 일에 심취한 무아지경의 상태이지요. 몰입이 되면 어려운 일도 단시간에 해내고, 빠르게 배울 수도 있습니다. 반대로 관심이 없는 일은 시간이 얼마 지나면 기억조차 하지 못합니다.

몰입은 시간을 빠르게, 또는 느리게 느끼게 합니다. 좋아하는 일을 하는 한 시간은 1분과 같고, 싫어하는 일을 하는 1분은 한 시간과 같지요. 몰입은 짧은 시간에 많은 일을 할 수 있게 합니다.

'딥 워크'는 완벽한 몰입 상태를 뜻합니다. 완전한 집중 상태에서 일하는 것이지요. 조지타운대학교의 뉴포트 교수는 최고의 성과를 내기 위해서는 온전히 몰입할 수 있는 시간이 필요하다고 주장합니다.

그러려면 업무에 집중해야 하는 시간 동안 스마트폰을 쓰지 않고, 각종 알림과 알람을 꺼두어야 합니다. 그가 제안한 구체적인 방법으로는 스님 방식, 시간 나누기, 매일 조금씩, 기자 방식이 있습니다.

① 스님 방식

쓸데없는 일에 정신을 파는 일 자체를 전부 없애거나 크게 줄이는 방식입니다. 이메일조차 답변하지 않는 식이죠. 속세를 떠난 스님처럼 신경 쓰이는 일을 완전히 차단하는 방법입니다.

② 시간 나누기

시간을 분명히 나누어 일정 시간은 완벽한 몰입 상태로 지냅니다. 프로젝트로 일하는 방식이지요. 와튼경영대학원의 애덤 그랜트 교수는 한 학기는 강의에 몰두하고, 다른 학기는 연구에만 온전히 몰입하는 방식을 씁니다.

③ 매일 조금씩

한 번에 결과를 내기보다 꾸준하게 조금씩 장기적으로 성과를 내는 방식도 있습니다. 아침 5시 30분부터 하루 2시간씩 글을 쓰면, 머지 않아 책 한 권을 완성할 수 있습니다. 일반 직장인들 사이에서 가장 흔하게 채택되는 방법이지요.

④ 기자 방식

마감을 지켜야 하는 기자들처럼 일하는 방법도 있습니다. 하루 중 어느 시간이라도 몰입이 필요한 상황이라면 곧바로 딥 워크 모드로 전환합니다. 집중 훈련이 된 사람만이 할 수 있는 방법이지요.

저는 이 모든 방식을 함께 이용하고 있습니다. 업무 시간에만 스마트폰을 이용하고, 업무 시간 이후에는 스마트폰을 안 보이는 곳에 치워둡니다. 집중해서 글을 쓰거나, 새로운 아이디어를 찾을 때에는 스마트폰을 꺼놓기도 합니다.

그럼에도 불구하고 늦은 시간까지 부득이하게 업무상 스마트폰을 이용할 때도 있습니다. 그래서 1년에 한두 번 가지는 휴식 기간에는 아예 현지에서만 연결이 가능한 스마트폰을 이용하고, 저녁에 한 번 한국에서 온 메시지를 확인하곤 합니다. 쉽지 않지만, 딥 워크를 하기 위한 저의 노력입니다.

연결된 사람에서 벗어나 보세요

시간을 효율적으로 관리하려면 시간 도둑을 먼저 제거해야 합니다. 단지 디지털 시간 도둑이 1초, 2초를 훔치는 게 문제가 아닙니다. 진짜 문제는 해야 할 중요한 일을 잊게 만드는 것이지요. 해야 할 중요한 일은 집중해야 할 수 있습니다. 집중적으로 생각하는 시간을 무언가로 방해받지 마세요.

집중 시간 설정하기

❶ 페이스북, 인스타그램, 블로그, 카페, 밴드, 카톡 등 모든 알림은 무음으로 합니다. 특히 여럿이 올리는 단톡 방의 채팅 창은 푸시 알림도 제거하세요. 급한 연락이 오면 어쩌나 걱정하지 마세요. 급한 연락은 SNS로 하지 않는 게 정상입니다.

❷ 정해진 시간, 혹은 필요한 때만 스마트폰의 메시지를 확인하세요. SNS 알림을 끄더라도 수시로 메시지를 확인하고 있다면 시간을 흘려버리고 있는 셈입니다. 하루에 메시지를 확인하는 시간을 모두 모아보면 얼마나 많은 시간을 도둑맞았는지 깜짝 놀랄지도 몰라요.

❸ 연락이 잘 안 되는 사람으로 사는 일도 괜찮습니다. 생각해보세요. 유명 정치인, 유명 연예인, 저명한 과학자, 대단한 사업가 등 가치 있는 일을 하는 사람들은 연락이 잘 되지 않는 법이지요. 늘 연락이 되어야 하는 사람들은 시간 노동자입니다.

❹ 비록 지금은 시간 노동자일지언정 일정 시간은 가치 창조자처럼 시간을 써보세요. 업무상 연락되어야 한다면, 일정 시간만이라도 스마트폰을 잊어요. 혼자 업무를 하더라도 중요한 회의 중인 셈치고 스마트폰을 꺼둡니다(**예** 오후 9시 이후 2시간 몰입 시간).

습관적이고 소모적인 인터넷 접속을 제한하세요

사건 사고, 연예인의 가십은 늘 뉴스의 1면을 차지합니다. 연예인 누가 누구와 사귄다더라. 누구와 헤어진다더라. 지방 어디에서 일어난 놀라운 사건이나 성직인의 스캔들, 또는 멋진 배우가 나오는 드라마 이야기는 늘 우리를 솔깃하게 만듭니다.

이야기를 좋아하는 저 같은 사람은 한번 이야기에 빠져들면 헤어 나오지 못합니다. 그저 가십거리인 그들의 일상을 보는 데 너무 많은 시간을 허비하고 맙니다. 습관적인 인터넷 접속은 시간 도둑과 가까이 지내는 일과 같습니다.

인터넷 접속 시간 정하기

❶ 습관적이고 기계적인 인터넷 접속을 조심하세요. 나쁜 습관은 쉽게 없애기 어렵습니다. 눈 뜨자마자 자연스럽게 휴대폰을 집는 대신 물한 컵을 마시고, 1분 동안 명상하는 시간을 추천합니다.

❷ 정보가 필요하다면 오늘 계획(주간 플래너)에 일정한 시간을 넣고, 정해진 시간만 이용합니다. 정보 접속 시간을 미리 정해두면 정보의바다에서 쉽게 빠져나올 수 있습니다. 허우적거리면서 하루를 다 빠뜨리지는 말아야 합니다.

❸ 정보는 모니터보다 책으로 접해야 오래 기억됩니다. 온라인에는 다양하고 얕은 정보가 넓게 퍼져 있습니다. 다양한 정보는 분명히 지식을 넓혀주지만, 오래 기억하기는 쉽지 않습니다. 책은 정보를 압축한 형태이지요. 인터넷보다 책을 가까이 하는 사람들이 중요한 일을 더 잘 해냅니다. 다양하고 얕은 정보보다 깊은 정보가 가치 있습니다.

불필요한 일을 찾아 위임한다

고기를 어떻게 잡을 것인가

"지금 다른 곳에서 경매 강의를 듣고 있는 중인데, 여긴 어떤가 한번 보러 왔소."

저는 경매하는 방법을 알려주는 강사입니다. 경매 강의 첫날이었습니다. 수강생 K씨는 첫 수업부터 심드렁하게 불편한 기색을 숨기지 않았습니다.

"무슨 문제가 있으셨나 봐요."

"아, 이 사람들이 뭘 물어봐도 성의껏 답변을 해주지 않아요. 더 궁금하면 개별 상담을 하라고 하고. 경매를 배우러 온 사람에게 가르쳐주지는 않고, 무슨 상담을 자꾸 하라는 거요?"

그가 찾아간 곳은 경매를 가르치는 곳이 아니라 컨설팅이 목적인 곳이었습니다. 부동산이나 경매 강의를 하는 곳 중에서 저렴한 강의료로 고객을 모집하고, 컨설팅을 유도하는 곳이 있습니다. 경매 강의가 고기 잡는 방법을 가르쳐준다면, 경매 컨설팅은 고기를 대신 잡아줍니다.

고기를 대신 잡아주는 곳

고기 잡는 방법을 가르쳐주는 곳에서는 어종에 맞는 미끼는 무엇인지, 어느 지점의 조류가 심한지 알려줍니다. 물고기를 낚시하는 법을 배우면 그날은 물고기를 잡지 못할 수도 있지만, 스스로 연습하면 결국 물고기를 잡을 수 있습니다.

한편 고기를 대신 잡아주는 곳에서는 자신들이 물고기를 얼마나 잘 잡는지에 대해 알려줍니다. 무엇보다 고객들의 신뢰를 얻기 위해 홍보하는 데 힘을 쏟습니다. 고기를 잡아주는 곳에 가면 오늘 당장 대어를 낚을 수 있지만, 스스로는 작은 물고기도 잡지 못합니다.

방법을 배우면 직접 경매를 할 수 있습니다. 하지만 반드시 이것만이 정답은 아닙니다. 스스로 물고기를 잡기 위해서는 반드시 차가운 바다에 나가야 합니다. 파도에 흔들리고, 온몸이 젖는 일은 피할 수 없습니다. 안전하고 싶다면, 어부에게 대신 고기를 잡아달라고 의뢰하는 것도 방법입니다.

Y씨는 경매를 직접 하기보다는 대신 맡아줄 믿을 만한 사람을 찾고 있었습니다. 그녀는 중소기업을 운영하고 있는데, 업무가 바빠서 직접 경매를 할 짬이 없었습니다.

그동안 Y씨는 틈틈이 경매하는 방법을 배웠고, 자신이 원하는 부동산이 어떤 스타일인지 알고 있습니다. 그녀는 직접 경매 물건을 검색해서,

맘에 드는 물건이 나타나면 경매컨설팅업자에게 그 물건을 받아오는 일만 의뢰합니다. 그녀는 적당한 위임으로 힘들이지 않고, 맘에 드는 물건을 낙찰받습니다. 적당한 위임은 바다에 나가지 않고도 고기를 잡는 비결입니다.

내가 꼭 하지 않아도 되는 일은 위임하라

"전 할 일이 너무 많아요. 제가 사무실에 없으면 일이 안 돌아갈 거예요. 신입사원에게 업무도 가르쳐야 하고, 업체 샘플도 챙겨서 과장님께 가져다 드려야 해요. 부장님이 지시하신 기획안이 중요한데 아직 시작도 못했거든요. 벌써 마감이 늦었어요. 시간이 없어요."

3년차 김 대리는 일이 바빠서 아직 기획안을 작성하지 못했습니다. 잡다한 일을 하느라 가장 중요한 업무를 못하고 있는 셈이었지요.

누구보다 바쁜 김 대리는 어떻게 시간을 만들어낼 수 있을까요?

직장인이 시간을 만드는 첫째 방법은 일을 최대한 안 하는 것입니다.

일을 안 하고 놀자는 이야기가 아닙니다. 주어진 중요한 업무를 하기 위해서는 불필요한 일을 안 하면 됩니다. 잡다한 일을 치워버리고, 진짜 일할 시간이 필요하니까요.

오늘 하루 어떤 업무를 했는지 한번 자세히 적어보세요. 과연 그 일들 모두가 반드시 독자님이 아니면 안 되는 일이었나요?

직접 할 수 있는 일을 기계 혹은 다른 사람에게 대신하게 하는 일이 위임입니다.

위임하기 좋은 일 4가지

위임하기 좋은 일은 네 종류가 있습니다.

① 반복적, 소모적, 기계적인 일

단순 반복적인 일은 이미 기계가 대신하고 있습니다. 한 장씩 출력하는 프린터보다 연속 프린팅이 가능한 프린터는 업무를 빠르게 끝내줍니다. 모니터를 터치해 주문할 음식을 선택하고, 카드나 스마트폰 앱으로 스스로 결제하는 기계를 '키오스크(Kiosk)'라고 합니다. 키오스크는 패스트푸드 체인점이나 대형 푸드 코트, 버스 터미널, 기차역, 공항 등의 교통 시설에서 흔히 볼 수 있습니다. 학교의 무인증명서발급기나 동사무소의 무인민원발급기, 영화관의 무인티켓발권기도 키오스크이지요.

인공지능기술도 위임에 도움이 됩니다. 구글이 발표한 콜조이(CallJoy)는 걸려온 전화에 인공지능이 응답해주는 기능입니다. 인공지능이 인간을 대신해 레스토랑에 전화를 걸어 예약해주는 듀플렉스(Duplex)와 반대 역할이지요. 머지않아 인공지능 듀플렉스가 전화로 예약을 하고, 콜조이가 응답하게 될 것입니다.

그런데 돈이 많은 기업만 위임하는 것은 아닙니다. 그래픽 디자이너 P씨는 클라이언트에게 납품할 브로슈어에 스티커를 붙일 아르바이트를 구했습니다. 1만 장의 스티커를 붙이는 일은 아르바이트생에게 맡기고 본인은 다른 디자인을 하기 위해서입니다.

업무 중에서 단순하고 기계적인 일을 찾아보세요. 이런 일은 기계나 시간 노동자에게 위임하고, 독자님은 그 시간에 더 가치 있는 일을 하세요.

② 할 줄 모르거나 서툰 일

할 줄 모르는 일은 어쩔 수 없이 위임해야 합니다. 세금을 모르니 세무사를 찾고, 법을 모르니 변호사를 찾습니다. 스스로 집을 지을 수 없으니 건축가에게 위임하고, 직접 원하는 집을 찾을 수 없어 공인중개사에게 의뢰합니다.

전문가에게 위임할 때에는 비용이 적당한지 비교하고 확인하는 수고는 필수입니다. 주식 투자, 부동산 경매와 법률 소송 등의 일들도 여기에 해당하지만, 이는 공부해서 직접 할 수도 있습니다. 특히 가진 돈이 얼마 없는 소액 투자자나, 처음 시작하는 초보 투자자라면 직접 하기를 권합니다. 전문가에게 비용을 주고 나면 남는 수익이 별로 없습니다. 초보 투자자는 경험으로 배움을 얻어야 합니다.

그런가 하면 할 줄 알지만 서툴거나 효율성 때문에 위임하기도 합니다. 인테리어 업체에 일을 맡기면 사장이 모든 일을 직접 하지 않습니다. 인테리어 업체 사장은 페인트 업자, 도배 업자, 화장실 타일 업자, 싱크대 업자를 각각 따로 불러 일을 위임합니다.

인테리어 업체 사장은 그들에게 업무를 맡기고 관리합니다. 사장 본인이 일을 다 할 수 있더라도 위임을 하고, 그 시간에 다른 영업을 하는 편이 낫다는 판단 때문입니다. 집주인도 인테리어 업체 사장처럼 각각의 전문가에게 직접 위임할 수 있습니다. 저도 주로 이런 방식으로 위임합니다. 서툰 일은 직접 하기보다 전문가에게 위임하고 잘하는 일에 집중하세요.

③ 안정적으로 유지되는 일

M씨가 운영하는 카페에는 업무가 매뉴얼화되어 있습니다. 커피 내리는 방법부터 파니니 굽는 방법까지 매뉴얼이 정리되어 있습니다. 덕분에 처음 오는 아르바이트생도 첫날부터 바로 커피를 내릴 수 있습니다. 매뉴얼이 있고 시스템이 안정되면 오래된 담당자가 아니라도 누구나 그 일을 할 수 있습니다. 업무 매뉴얼, 고객 응대 매뉴얼, 정리된 요리 레시피 등이 있으면, 담당자가 부재중이더라도 업무에 차질이 없습니다. 정해진 방식이 있으면 업무에 혼란이 줄고, 처음 하는 사람도 금세 익힐 수 있어 안심하고 위임할 수 있습니다.

④ 반복적인 집안일

반드시 해야 할 사소한 일과 중요한 일 사이의 갈등은 수시로 일어납니다. 집안일이 그중 하나입니다. 청소, 빨래, 설거지, 쓰레기 버리기 등은 반복적으로 일어나면서 하루라도 하지 않으면 안 되는 일입니다. 반드시 해야 하지만, 중요한 일이라고 할 수는 없습니다. 독자님이 혼자 이 모든 일을 하느라 시간에 쫓기고 있다면 바꿔보세요.

청소는 로봇 청소기가, 빨래는 세탁기와 건조기가 대신할 수 있습니다. 그래도 남은 반복적인 집안일은 가족 구성원이 나누어 합니다. 필요하다면 가사 도우미의 도움을 받을 수도 있겠지요. 요즘은 스마트폰 어플로 날짜와 시간을 지정하면 그 시간에 집안일을 대신해줄 가사 도우미가 와 줍니다. 비용도 생각보다 비싸지 않고, 무엇보다 그분들은 전문가이기 때문에 제가 세 시간 끙끙댈 일을 한 시간만에 해낼 수 있죠. 소모적인 일을 줄이면 진짜 일을 할 수 있습니다.

시간을 사라

어쩌면 독자님은 다른 사람의 시간을 사는 데 거부감이 있을지도 모릅니다. 대부분의 직장인은 남의 시간을 사본 적이 없습니다. 직장인은 자신의 시간을 팔아 생계를 유지하고, 기업은 직원의 시간을 사서 이윤을 만듭니다.

혼자 일해서 10만 원을 벌 수 있는 사람이 직원 10명에게 같은 일을 시키면 100만 원을 벌 수 있습니다. 100명에게 시키면 1,000만 원을 벌수 있지요. 누구나 할 수 있는 단순한 업무라면 시간 노동자를 구하는 것도 어렵지 않습니다.

기업은 때로는 이익이 나지 않아도 직원의 시간을 사기도 합니다. 부동산 전문가를 고용해 부동산을 개발하고, IT전문가를 고용해서 시스템을 개발하고, 제품 전문가를 고용해서 새로운 아이템을 만들어냅니다.

이것을 투기라고 하지요. 당장 수익이 나지 않지만, 앞으로의 기대 수익을 위해서 하는 일입니다.

기업이 우리의 시간을 사는 것처럼, 독자님도 다른 사람의 시간을 살 수 있습니다. 가사 도우미에게 집안일을 맡기고, 정리 전문가에게 집안 정리를 맡길 수 있습니다. 돈으로 시간을 벌면 그 시간에 원하는 일을 할 수 있습니다.

과거 고대 그리스 시대에 노예들이 모든 일을 다 하는 동안, 지배층은 생각하고 토론하고 여가를 즐기며 삶을 보냈습니다. 그들은 최고의 문명, 과학기술, 문화를 발전시켰고 후대에 남겼습니다.

읽고, 생각할 시간을 사세요. 그 시간을 마음의 등대로 향하는 일에 쓰세요.

최대한 미룬다

미룰수록 시간이 만들어진다

보통 '일은 미루지 말라.'고 배웁니다. 그러나 미루기는 시간을 만드는 도구가 될 수 있습니다.

저는 게으른 축에 속합니다. 미루기 대장이지요. 10일까지 끝내야 하는 일은 9일이 되어야 마칩니다. 8일에는 급하지는 않지만, 중요한 다른 일을 해야 하니까요.

중요한 일이란 어떤 일을 말할까요?

여행 가고 싶은 곳을 상상하거나, 공부하고 싶은 분야에 대한 상담을 하기도 하고, 다음 비즈니스를 구상하기 위해 관련 서적을 뒤적거리는 일입니다. 물론 이런 중요한 일을 하느라 해야 하는 일을 미루기를 좋아하지만, 마감일에 늦지는 않습니다.

비공식적 데드라인을 설정하자

마감일에 늦지 않는 비결은 데드라인 설정 때문입니다. 마감일을 뜻하는 데드라인을 저는 두 가지로 나눕니다. 하나는 공식적인 마감, 다른 하나는 비공식적인 마감입니다. 두 개의 데드라인을 만드는 셈이지요. 공식적인 데드라인이 12일이라면, 제가 정한 비공식적인 데드라인은 10일입니다. 미루고 미루다 비공식 데드라인인 9일이 되어서 일을 마무리합니다. 최대한 게으름을 피우고 미룬다고 해도 공식적인 데드라인보다 3일을 당겨서 일을 마칠 수 있습니다.

마감보다 일찍 일을 끝내는 모습에 사람들은 제가 부지런하다고 생각하더군요. 사실은 무척이나 게으른 사람이란 사실을 모르고서 말입니다. 할 수 있을 '때'까지 미루려면 그 '때'가 언제인지 알아야 합니다. 미루기는 데드라인과 함께합니다.

오래 준비해야 하는 일은 기간 안에 마치지 못하는 경우가 있습니다. 책 쓰기나 새로운 언어 배우기, 5킬로그램 감량하기 같은 어려운 미션은 종종 늦춰집니다. 그러나 괜찮습니다. 중요하고 어려운 미션이잖아요. 미룬 데 죄책감을 가질 필요 없습니다. 다시 두 개의 마감을 정하고, 처음부터 새로 시작하면 됩니다.

소원 등대로 향하는 일을 할 때에는 비공식적 데드라인을 정하고 실천해보세요. 미루다가 늦으면 다시 플랜을 업데이트하면 됩니다.

절대 미루면 안 되는 일도 있다

어떤 일은 정한 시간에서 늦으면 더 이상 할 수 없습니다. 업무상 정해진 마감일, 팀별로 진행하는 프로젝트, 대외적으로 약속된 일정은 늦으면 안 되지요. 이런 종류의 일은 완벽하지 않더라도 적당한 선에서 마무리해야 합니다. 시간이 있으면 더 잘 할 수 있었던 그 많은 일은 꼭 다 잘 해냈어야 할까요?

하루만 더 손보면 좋아질 디자인의 미숙한 부분은 담당자만 알 수 있어요. 공모전 출품이라면 마무리가 허술하더라도 포기하는 것보다는 마감 기한 안에 접수하는 편이 낫습니다.

내일 떠나는 여름 캠프 준비물도 반드시 오늘까지 준비해야 합니다. 사랑하는 사람에게 마음을 전하는 일도 내일로 미루지 마세요. 자녀 교육도 시기가 있습니다. 아이는 자라기를 멈추고 기다려주지 않으니까요. 이때는 아예 안 하는 것보다는 오늘 조금 부족하더라도 하는 편이 낫습니다. 인생이 바뀔 정도로 치명적인 상황이 아니라면, 적당한 선에서 마감하세요. 데드라인을 넘기지 마세요. 그리고 부족한 부분을 보완해서 다시 제대로 하면 됩니다.

내 일이 아니면 거부한다

쓸데없이 바쁘고 힘든 날갯짓

하지 않아도 되는 일을 하지 않으면, 진짜 해야 할 일을 할 시간이 생깁니다.

"일을 줄이면 그 일은 누가 해요?"

위임하거나 미루는 법에 대해서는 앞서 말씀드렸죠. 그런데, 아예 하지 않는 방법도 있습니다.

"그래도 될까요? 그게 가능할까요?"

그럼요! 최대한, 할 수 있는 한, 가능한 거부하세요. 주어진 일은 최대한 하지 마세요. 진짜 해야 할 일은 '주어진 일'의 종류가 아닙니다. '주어진' 그 일이 정말 해야 할 일일까요?

뻐꾸기는 스스로 알을 품지 않고, 남의 둥지에 알을 낳습니다. 둥지의 주인인 뱁새는 다소 다른 모양의 뻐꾸기 알을 자신의 알들과 함께 정성을 다해 품습니다. 둥지의 주인인 뱁새 새끼들보다 먼저 부화한 뻐꾸기는 다른 알들을 둥지 밖으로 밀어내버리고, 혼자 살아남습니다.

졸지에 뻐꾸기 엄마 아빠가 된 뱁새는 남의 자식을 정성을 다해 키웁니다. 조그마한 뱁새 부부가 자기 덩치보다 더 큰 뻐꾸기를 먹여 키우는 모습은 희생 그 자체입니다. 쉴 새 없이 둥지를 들락거리며 뻐꾸기 입에 먹이를 넣는 뱁새 부부는 자신들이 지금 무엇을 하고 있는지 알까요? 뱁새는 제 자식을 모두 죽인 원수를 제 자식인 줄 알고, 애지중지 키웁니다. 안쓰럽고 동시에 어리석지요. 제 집에 든 도둑을 못 알아보고, 쓸데없이 바쁘고 힘든 날갯짓을 합니다.

나도 남도 행복한 일이면 좋지만

중국에는 '개가 쥐를 잡는다(狗拿耗子).'는 말이 있습니다. 이 말은 쓸데없는 일을 하는 사람을 빗대어 하는 말입니다. 중국에서도 쥐 잡이는 고양이의 일인가 봅니다. 뻐꾸기를 키우는 뱁새와 쥐 잡는 개처럼, 하지 않아야 할 일로 바쁜 사람은 어디에나 있습니다. 어쩌면 독자님도 뻐꾸기 새끼를 키우기 위해 정신없는 하루를 보내고 있지는 않나요?

목적이 분명하다면 쓸데없는 일도 쓸데 있는 일이 될 수 있습니다. P씨도 그런 사람 중 하나입니다. 좋게 말하면 사람이 좋고, 나쁘게 말하면 오지랖이 넓습니다. 길을 잃은 사람에게 알려주고 싶고, 그러기 위해서 기꺼이 시간을 냅니다. 기꺼이 길을 알려주고 나서 가던 길을 갑니다. 질문한 사람이 제대로 잘 가고 있는지 확인하느라 또 걸음을 멈춥니다. 그는 커플 소개를 종종 하는데, 좋은 사람들끼리는 만나게 해주고 싶고, 그들이 잘 만나면 행복해합니다. 그러기 위해 기꺼이 시간을 냅니다. 이러한 행복을 아는 사람들은 나른 사람들을 위해 시간을 씁니다.

남을 위해 일하고, 그가 잘되는 모습을 흐뭇하게 지켜보면서 만족해합니다. 이런 봉사하는 사람들 덕에 아직 세상은 따뜻합니다. 남을 도우면서 나도 행복한 일은 얼마든지 해도 좋겠지요.

독자님은 즐겁지도 않으면서 쓸데없이 바쁜 일을 피해야 합니다. 그런 일은 단호하게 거부하세요. 단호하게 거부해야 할 일은 다음과 같습니다.

단호하게 거부해야 하는 일

① 가치 없이 소모적인 일

세일하는 만 원짜리 티셔츠를 사러 꽉 막힌 도로를 왕복 두 시간 운전하는 것보다는 가까운 곳에서 정가를 주는 편이 이익입니다. 시간을 돈으로 바꿔 계산을 해보세요. 저렴하게 건진 티셔츠 한 장은 만 원이지만, 잃어버린 두 시간의 가치는 얼마인가요? 귀한 시간을 아깝게 날려버리지 마세요.

하나도 도움이 되지 않는 강의를 듣기 위해 하루를 꼬박 날려먹는 일은 억울하고 화가 납니다. 도움이 되는 강의인지 제대로 확인했다면 시간을 아깝게 날리지 않았을 테지요. 기왕 들어야 할 강의라면 무엇이든 배울 것을 찾아내서 본전을 건져야 합니다. 도움이 되지 않는 강의지만, 듣는 사람이 많다면 홍보 방법에서 배울 점이 있겠지요. 시간을 잃어버렸을 때는 뭐라도 찾아 본전을 건지세요.

저는 오래 줄 서는 일을 꺼려합니다. 기다리는 동안 즐거운 특별함이 있다면 모를까요. 기다리는 시간은 의미 없이 흘러갑니다. 기다리지 않기 위해 예약을 하세요. 주인은 적절한 준비를 할 수 있고, 손님은 시간을 아낄 수 있습니다.

❷ 주도권 없이 책임만 있는 일

독자님이 다른 사람에게 일을 위임하고 싶은 것처럼, 누군가는 독자님에게 어떤 일을 위임하고자 합니다. 그 일이 경력에 도움이 되거나, 그 일에서 능력을 발휘할 수 있다면 기꺼이 받아들이세요. 새로운 기획안을 내거나, 영업 지점을 늘리는 일은 독자님의 영역이 넓어지는 좋은 기회니까요.

그런데 역량이 강화되는 일은 단순히 위임받은 일과 다릅니다. 주도권과 책임이 함께 있습니다.

'반드시 내가 해야만 하는 일인가?'

이렇게 판단이 어려운 일이 생긴다면, 먼저 일에 주도권과 책임이 둘 다 있는지 확인해 보세요. 주도권이 있는 사람이 결과에 대해 책임을 지는 것은 당연합니다. 하고자 하는 일에서 주도권을 놓치지 마세요. 하지만 간혹 주도권은 없는데, 책임만 있는 일이 있습니다.

이런 일은 거부하세요. 위임하거나, 거절하세요.

조금 더 애매한 경우도 있지요. 직장 상사가 부탁하는 일이 그렇습니다. 이 경우에는 어떻게 거절하면 좋을까요?

- **기준**: 어느 수준까지 업무를 할 것인지 미리 기준을 정해두세요. 일관성 있는 태도를 가지세요. 어떤 때는 일을 다 떠맡고, 어떤 때는 거절하면 변덕스러운 사람이 되겠지요.

- **즉시**: 기준을 벗어나는 일이라는 판단이 들면, 그 자리에서 거절하세요. 우물쭈물하다가는 그 일을 또 떠안게 될 거예요.

- **이유**: 거절할 이유를 분명하게 설명하세요. 감정이 아닌 사실만으로 이유를 말하세요. "아니, 지금 이러시면 안 되죠.", "정말 너무하시네요." 이처럼 감정 섞인 거절은 관계를 악화시킵니다.

- **대안**: 적절한 대안을 제시하세요. 다른 방법을 제안하세요. 탁월한 방법이 아니라도 괜찮습니다. 어차피 방법은 부탁한 사람이 찾을 거예요.

- **관심**: 추후에 문제가 해결되었는지 확인하세요. 일을 억지로 떠맡아 엉망으로 만든 직원보다, "그 일은 잘 처리되셨어요?" 하고 관심을 가져주는 직원이 더 고맙습니다. 거절한 그 일이 잘 마무리되었는지 확인해 주세요.

예를 들어 볼까요?

"과장님, 어쩌죠? 죄송합니다. 말씀하신 판매 보고서 작성은 힘들 거 같습니다(거절). 매장 점장님과의 미팅이 예정되어 있고, 기획안도 작성해서 보고 드려야 하니, 판매 보고서는 제시간에 해드리지 못할 거예요

(이유). 신입사원에게 맡겨보면 어떨까요? 다음 주 월요일에게 제가 신입사원이 제대로 했는지 확인해 볼게요(대안)." 그러고는 나중에 상사가 부탁한 일이 잘 진행되었는지 확인하면 됩니다(관심).

③ 부당하게 주어지는 일

때로는 하지 않아도 될 일을 억울하게 떠맡기도 합니다. 당연하게 주어지는 일은 없습니다. 왜 다른 사람이 아닌 독자님이 그 일을 해야 했을까요? 단순히 떠맡은 것은 아닌지 한번 의심해보세요. 만약 그렇다면, 과감하게 거절하세요. 착한 사람 코스프레는 필요 없어요.

갑자기 병가를 내고 출근하지 않은 동료의 업무를 대신 처리하는 일도 어쩔 수 없이 떠맡은 일입니다. 업무상 어쩔 수 없었다고 하지만, 독자님도 월차였으면 어땠을까요? 일을 빨리 처리하려면 가장 바쁜 사람에게 맡기라는 이야기가 있지요. 어쩌면 독자님이 일을 잘 처리할 '가장 바쁜 사람'이 아니었을까요?

회사원 A씨는 시어머니 전화를 받았습니다.

"얘, 오늘 우리 Y 생일이잖니. 집에서 저녁 먹을까 하는데 좀 일찍 올래? 장 보러 같이 가자."

시누이 생일상을 차리기 위해 며느리를 부르는 시어머니. 올케가 시누이를 무척 사랑한다면 모를까, 가족 구성원끼리 부당한 일을 강요하고, 강요받는 관계는 오랫동안 지속되기 어렵습니다. 이런 종류의 일은 부드럽지만, 단호하게 거절하는 편이 좋습니다.

미니멀하게 살자

소크라테스는 "행복의 비결은 더 많은 것을 찾는 것이 아니라 더 적은 것으로 즐길 수 있는 능력을 키우는 데 있다."고 이야기했지요. 불필요한 물건이나 일 등을 줄인 생활 방식을 실천하는 사람들을 '미니멀리스트(minimalist)'라고 합니다.

이들은 물건을 적게 소유하면 생활이 단순해져서 많이 가진 때보다 오히려 삶이 더 풍요로진다고 말합니다. '미니멀 라이프'는 불필요한 물건이나 일 등을 줄이고, 일상생활에 꼭 필요한 적은 물건으로 살아가는 단순한 생활 방식입니다.

《나는 미니멀리스트 이기주의자입니다》의 저자 시부는 매일 같은 옷을 입고, 1일 1식을 하는 극도의 미니멀리스트입니다. 그는 소유를 줄이고 자유로운 삶을 택했습니다. 그는 다섯 가지 잡념을 없애라고 말합니다. 그 잡념은 돈(유지비가 비싼 물건, 필요 없는 명품 같은 사치품), 시간(코디를 고민하며 시간을 앗아가는 필요 이상의 옷 등), 공간(필요 이상으로 넓은 집, 불필요한 저장품), 관리(지갑 등 분실하면 곤란한 귀한 물건), 집착(불필요한 선물, 과거의 영광이 담긴 잡동사니 등 미래의 족쇄가 되는 물건)입니다.

저자처럼 극도의 미니멀 라이프를 살지 않더라도 물건을 줄이면 시간을 버는 데 도움이 됩니다. 물건이 많으면 그에 따른 일이 많아집니다. 물건을 정리하고, 물건을 찾고, 또 새로운 물건을 사기 위해 에너지를 소모합니다. 발 디딜 틈 없이 많은 물건을 정리하기 위해 수납공간도 늘려야 하고요. 물건 자체를 줄이면 일이 줄어들어 시간을 벌 수 있습니다.

물건처럼 시간관리도 미니멀하게 할 수 있습니다. **무언가를 할 시간을 만드는 대신에, 시간이 드는 일을 줄이는 것도 방법입니다.**

일도 줄여서 하자

일도 물건처럼 줄여서 할 수 있어요.

저희 가족은 다섯 명이잖아요. 식구가 많으면 음식 준비도 일입니다. 전기밥솥에 밥을 하는데, 한번 할 때 많이 해서 적당량씩 나누어 냉동을 해요. 갓 지은 밥을 식혀 바로 냉동해두었다가 나중에 전자레인지에 데워 먹으면 새 밥처럼 맛있습니다. 매일 밥을 하는 수고를 덜지요.

장 본 날은 좀 바쁩니다. 야채는 한 번에 다듬어서 소분해서 보관하고, 고기도 한 번 먹을 분량으로 나누어 보관합니다. 일주일에 한 번만 하면 평일에는 칼과 도마를 들 일이 거의 없습니다. 만약 단출한 식구라면 다듬어놓은 야채를 구매해서 일을 더 없앨 수 있습니다. 단순한 일은 줄이거나 없애서 시간을 법시다.

필요한 사람만 남기자

인간관계도 간소화해보세요. 만나는 모든 사람에게 좋은 사람일 필요는 없습니다. 미움받을 용기를 가지세요. 에너지를 뺏는 사람과의 만남은 정리해도 됩니다.

휴대전화 연락처 목록을 살펴보세요. 3년 이상 연락하지 않은 사람의 연락처는 삭제해도 괜찮더군요. 잘 살다 가는 일반인이 사망하면 장례식에 오는 지인은 보통 200명 정도라고 합니다. 휴대폰 목록에 있는 어떤 사람이 독자님의 장례식에 찾아와 진심으로 가슴 아파해 줄까요? 우리는 그들 중 누구의 장례식에 기꺼이 찾아가 울어줄까요? 휴대전화 목록의 사람들 중 진짜 친구는 몇이나 될까요?

상대의 시간도 소중히 하자

"미안, 난 아무래도 오늘은 못 가겠어."

갑작스레 당일에 약속을 취소하는 사람은 상대방의 시간을 도둑질하는 것과 같습니다.

"갑자기 일이 생겨서 시간을 조절해도 될까요?"

약속한 시간의 한두 시간 전에 약속을 변경하는 사람도 있습니다. 계약을 성사시키기 위한 미팅이나, 사업상 중요한 결정을 하는 자리, 또는 갑을 관계라면 상대방은 다음 일정을 취소하거나 연기해야 하겠지요.

다음 약속도 중요한 일이라면 이도저도 못하고 발만 동동 구를 수도 있습니다. 그래서 갑의 위치에 있는 사람, 힘이 있는 사람은 더더욱 남의 시간을 도둑질하면 안 됩니다.

"상대방이 양해를 해줬어요."

이렇게 이야기하는 사람이 있습니다. 상대방은 괜찮다고 했지만, 실은 하나도 괜찮지 않을 겁니다. 안 괜찮다고 대놓고 말할 수는 없잖아요? 더 많은 사람이 모이는 자리는 어떤가요? 행사 시작 시간이 5분이 지나면 사회자가 말합니다.

"지금 오고 계시는 분들이 많아서 10분 후에 행사를 시작하겠습니다."

제시간에 온 사람에 대한 배려가 없습니다. 제시간에 맞추어 강연회에 온 사람들이 50명이라면 500분, 8시간 30분을 잃게 됩니다. 모임의 주최자는 참석자들의 시간을 훔치지 않도록 주의해야 합니다.

복잡한 일은 분리한다

한 번에 한 발자국만

'문제는 화장실이었습니다. 화장실이 코앞에 있는데 도저히 거기까지 갈수가 없었습니다. 그냥 바지에 오줌을 쌀 것 같았습니다. 멀고 먼 화장실 문을 바라보는 대신 발을 가만히 쳐다보았습니다. 그렇게 한 발짝씩 나아가다 보면 어느새 화장실에 도착해 있었습니다.' —《오늘 내가 사는 게 재미있는 이유》중에서

정신과 의사로 일하던 김혜남 작가는 젊은 나이에 파킨슨병을 판명받았습니다. 그녀는 가려는 먼 곳을 쳐다보며 걷는 것이 아니라 그저 한 발자국만 떼라고 말합니다. 너무 까마득한 일을 할 때, 때로는 그저 한 발자국을 떼는 것만으로 충분합니다.

너무 많은 일을 하려니 힘이 드는 거니까요. 한 번에 한 가지 일만 하세요. 모래시계는 한 번에 한 알의 모래만 흘려보냅니다. 한 알씩 통과한

모래시계의 모래는 결국 모두 이동합니다. 갈 길이 멀고 힘들더라도 포기하지 마세요. 모래시계처럼 모래를 한 번에 한 알씩 흘려보내고, 멀고 먼 화장실을 갈 때처럼 한 발자국씩 움직이면 됩니다.

숙련된 일은 동시에 후다닥

저는 운전을 한 지 삼십 년 가까이 되었습니다. 운전을 할 때 제 몸은 기계처럼 움직입니다. 눈으로는 전방을 살피면서 오른손으로 깜빡이를 켭니다. 동시에 액셀을 밟고, 에어컨을 켜고, 핸들을 조작합니다. 라디오를 틀고, 히터를 끄면서 실수 없이 운전할 수 있습니다. 운전처럼 기계적인 일은 두 손과 발이 여러 가지 작업을 동시에 합니다.

식사 준비도 여러 가지를 동시에 하는 일입니다. 밥을 하면서 찌개를 끓이고, 동시에 야채를 다듬습니다. 야채를 다듬다가 찌개가 끓으면 불을 줄이고, 전자레인지에 반찬을 넣고 버튼을 눌러 데우면서, 다시 남은 야채를 다듬어 식탁에 냅니다.

이때 일을 동시에 하는 것 같지만, 사실 두세 가지를 순서대로 빠르게 하는 중입니다. 야채를 다듬는 일과 찌개를 끓이는 일과 반찬을 데우는 세 가지 일을 번갈아 함께하는 셈이지요. 이런 일은 숙련되기까지 시간이 걸리지만, 익숙해지면 빠르게 처리처리 할 수 있습니다.

숙련된 일은 여러 가지를 동시에 진행할 수 있습니다. 기계적인 일은 최소화하되 꼭 필요한 일이라면 숙련시켜서 후다닥 해치우세요.

역할에 따라 분류하라

미룰 수 있을 때까지 일을 미루다 보니, 저는 한번 일을 할 때 몰아서 합니다. 휴가를 가지면, 휴가 중에는 일을 하지 않고 끝까지 미룹니다. 미루고 미루던 일은 현실로 돌아오면 폭풍처럼 쏟아집니다. 이때는 몰아서 한번에 해결합니다.

임대한 물건 관리를 하고, 강의를 하고, 책 출간을 하거나 퇴고를 하고, 아이들의 진로 탐색과 학교 일정에 참여해야 합니다. 몸은 하나인데 여러 역할을 소화하려면 역할에 따른 분류를 잘해야 합니다.

외부 일정은 하루에 몰아서 하고, 작가로서의 일정과 엄마로서의 시간, 개인 일정을 분류합니다. 예를 들면 강의나 업무적인 만남 등의 외부 일정은 최대한 하루나 이틀에 몰아서 합니다. 강의 일정이 목요일 저녁이라면, 강의를 시작하기 전에 다른 업무 미팅을 합니다. 미팅이 많을 때는 하루에 시간차를 두고 여러 명을 만납니다.

물건의 현장 답사를 갈 때도 하루에 가능한 많은 물건을 몰아서 봅니다. 한번 외출을 하려면 화장을 하고 옷을 차려입고, 이동하는 데 시간이 드니까요. 한번 외출할 때 몰아서 하는 게 나아요.

외출하지 않을 때는 오전에는 글쓰기를 하고, 오후에는 엄마의 역할을 합니다. 이런 날은 화장을 거의 하지 않고, 편안한 복장입니다. 불필요하게 소모되는 시간을 최소화합니다.

요일별로 분류해서 일하기는 직장인에게도 유용합니다. 평일 업무 시간에는 직장인으로 지내다가 업무 시간이 끝나면 자신의 시간을 가집니다. 화목 저녁에는 대학원의 학생이 되고, 월수금 저녁에는 아이들의 선생님이 될 수 있습니다.

주말에는 악기를 배우거나 여행자가 되기도 합니다. 요일별로 역할을 분류하면 어느 하나의 역할도 소홀하지 않으면서 원하는 일을 할 수 있습니다.

스위치를 전환하라

우리는 여러 역할을 하면서 삽니다. 아내이자 엄마이고, 딸이면서 친구입니다. 혹은 남편이자 아빠이고, 아들이면서 동생입니다. 직장에서는 기획자이자 상사나 후배입니다. 직장에서는 직장인의 역할이 있고, 가정에도 주어진 역할이 있습니다. 거기에 자신이 하고자 하는 개인적인 일도 있지요.

역할마다 일은 다릅니다. 한 가지 역할을 할 때에는 다른 역할의 일은 잊으세요. 현재 하는 역할에만 충실합니다. 회사에서는 일 생각만 하고, 내 방에서는 온전히 자신에게 집중합니다.

저는 세 아이를 키우며 일을 해왔습니다. 아이를 씻기고, 입히고, 식사를 챙기는 단순한 노동뿐 아니라 해야 할 일이 정말 많습니다. 아이들에게는 끊임없이 크고 작은 사건들이 생깁니다. 사소하게 다치는 일부터 친구 관계나 교육 문제, 진로 문제 등 엄마로서 신경 써야 하는 일이 한두 가지가 아닙니다.

아이들에 대해서만 신경 쓸 수 있나요? 일에 대한 고민은 어떤가요? 당장 내일 입찰할 물건에 대한 검토나 문제를 일으키는 임차인에 대한 해결 방안도 모색해야 합니다. 모든 역할에 대한 생각을 24시간 머릿속에 넣고 산다면, 얼마나 힘이 들까요? 머리를 시원하게 비울 수 있는 아주 괜찮은 방법을 알려드릴게요.

저는 머릿속에 스위치를 하나 두었습니다. 집에 오면 '집 모드'로 스위치를 전환합니다. 집에서는 저 자신과 가족에게만 집중합니다. 일에 대한 걱정 따위는 잊어버립니다. 반대로 신발을 신고 집 현관을 나서는 순간 '일 모드'로 스위치가 전환됩니다. 아이들에 대한 고민과 집안일은 싹 잊어버리고, 일에 집중합니다.

독자님의 머릿속에는 어떤 스위치가 필요한가요? 필요한 스위치로 그때그때 전환하세요. 어차피 우리는 한 번에 한 가지 일밖에 할 수 없습니다. 밖에서 집안일을 걱정해도 아무 소용이 없습니다. 지금 하는 그 일에 집중하세요. 머릿속 스위치를 전환하면 그만입니다.

나를 위한 시간을
따로 떼어 놓는다

가치 있는 시간을 만들자

과거에는 시간을 효율적으로 쓰고, 생산적으로 일을 잘하기 위해 시간 관리를 해왔습니다. 석탄과 증기기관을 에너지로 하여 대량생산 시대를 열었고, 전기와 석유를 에너지로, 전신·전화·방송 등 전자통신 기술이 널리 퍼져 경제와 사회를 변화시켰지요.

이후 인터넷의 등장으로 정보 고속도로, 재생 에너지, 분자생물학 등의 발전도 이루었습니다. 그때는 짧은 시간에 더 많은 물건을 만들고, 더 빨리 팔아서 수익을 내는 방식의 시간 관리가 필요했습니다.

지금은 4차 산업혁명 시대입니다. 4차 산업혁명 시대에는 따라 하고, 빨리하는 수직적인 가치보다 연결하고, 공유하는 수평적인 가치가 인정받습니다. 빠르고 효율적인 시간 관리가 아니라 가치 있는 시간을 위한 관리가 필요합니다.

시간을 아껴서 많은 일을 하기보다는 원하는 일을 제대로 할 시간이 필요합니다. 이 책에서 독자님은 이제껏 시간 도둑을 잡고, 위임하고, 거부하여 시간을 만들어냈습니다.

드디어 독자님이 원하는 상태가 되기 위해 시간을 쓸 때입니다. 소원 등대로 가기 위해 지금 무엇을 해야 할까요? 만든 시간을 어떻게 쓰고 싶으신가요?

무엇을 포기할까

아침에 눈뜰 때부터 잠들 때까지 우리는 무언가를 하고 있습니다. 생계를 위해 일을 하고, 먹기 위해 시간을 쓰며, 대화를 나누고, 잠도 잡니다. 지금도 24시간이 바쁩니다. 평소대로 살면, 소원 등대로 가기 위한 시간은 없습니다. 나를 위한 시간은 일부러 만들어야 합니다.

'나를 위한 시간 만들기'는 종자돈을 만드는 것과 비슷합니다. 매달 50만 원씩 저축하기로 했다면, 저축을 먼저 하고 남은 돈으로 써야 합니다. 물건을 사고 남은 돈으로 저축하기는 불가능합니다. 필요한 곳에 돈을 쓰다 보면, 남는 돈은 없을 테니까요.

시간도 마찬가지입니다. **남는 시간은 어디에도 없습니다.** 금요일 저녁 친구들과의 치맥을 뒤로 하고, 일요일 아침 늘어지게 자던 낮잠을 포기해야 합니다. 소원 등대로 갈 시간을 먼저 떼어놓으세요. 어떤 일정보다 앞서 소원 등대로 가기 위한 일정을 시작하세요.

아침 시간을 활용하는 미라클 모닝

나를 위한 시간으로 이용하기 가장 좋은 때는 이른 아침입니다. 다른 사람들이 모두 잠든 시간에 홀로 깨어 있으면 자부심이 느껴집니다. 할 엘로드는 《미라클 모닝》에서 크리스마스 아침처럼 눈 뜨는 게 기다려지는 습관들로 아침을 채워놓아야 한다고 이야기합니다. '명상, 확신의 말, 시각화, 운동, 독서, 일기'의 여섯 가지 아침 습관을 실천하면 기적이 일어난다고 하였습니다.

아침 일찍 시작하는 하루가 좋다는 사실은 알지만, 실천하기 쉽지 않습니다. 일단 일찍 일어나려면 일찍 잠자리에 들어야 합니다. 잠을 줄이면서 이른 아침에 깨는 것은 바람직하지 않습니다. 잠을 자는 일은 단순히 쉬는 것이 아니고, 다음 날 정상적인 활동을 하기 위해서 몸과 마음의 피로를 회복시키는 과정입니다.

건강한 하루를 위한 성인의 적정 수면 시간은 7~8시간입니다. 그러니 아침 5시에 일어나려면 10시에는 잠자리에 들어야 합니다. 하지만 대한민국에서 직장인이 10시에 취침하기란 쉽지 않지요.

저도 한동안 미라클 모닝을 실천했습니다. 5시에 기상해 미라클 모닝을 실천하니 여유롭게 하루를 완성할 수 있었습니다. 명상으로 하루를 시작하니 상쾌한 아침을 맞이했습니다. 그런데 이른 아침 엄마가 일어나면 같이 깨서 따라 나오는 막내아이를 재우느라 다시 잠자리에 들어가야 했고, 일찍 등교하는 큰아이가 있어 온전한 혼자만의 시간을 가지기 어려웠습니다.

또 명상을 하고자 일찍 일어났지만 해야 할 일만 늘어나더군요. 세 아이를 기우는 엄마에게 이른 아침 온전히 '혼자만의 시간' 갖기는 사치인 듯 했습니다.

나만의 루틴, 플래닝 시간

지금은 여섯시에 일어나 최소한의 시간을 쓰는 저만의 루틴을 만들었습니다. 저는 미라클 모닝을 가지는 대신에 오늘 플랜을 간단히 체크합니다.

아침 식사 준비를 하며, 오늘 일어날 일들을 미리 그려봅니다. 하는 모든 일이 다 잘된 모습을 머릿속에 떠올리는 거지요. 시간 여유가 있을 때는 오늘 이루어지길 원하는 일을 주간 플래너 뒷면에 쓰기도 합니다. 아침에는 약간 분주한 상태에서 할 수 있는 일만 합니다. 독자님도 저처럼 아침 시간을 활용할 수 없다면, 그 대신에 일주일에 한 시간 플래닝 시간을 가져보세요. 저는 금요일 저녁에 플래닝 시간을 가집니다.

단순히 아침에 일찍 일어나기로는 기적을 일으킬 수 없습니다. 원하는 것을 제대로 알기 위해 온전히 나에게 집중하는 혼자만의 시간이 필요합니다.

자투리 시간 이용하기

저는 독서광입니다. 책 읽기를 좋아합니다. 책을 읽는 속도도 무척 빨라서 일반적인 책 한 권은 두세 시간이면 뚝딱 읽습니다. 책은 가능한 도서관에서 빌려서 보고, 꼭 필요한 책만 사려고 합니다. 집에 쌓이는 책을 줄이기 위해서이지요.

책을 많이 읽지만 책 읽는 시간을 따로 두지 않습니다. 짬짬이 읽습니다. 책상 앞에 앉을 때 조금 읽고, 소파에 앉아서 조금 읽는 식이지요. 외출할 때는 책 두 권을 가지고 나갑니다. 처음 고른 책이 재미없을지도 모르니까요.

외출해서는 이동하면서 읽고, 기다리는 시간에 읽습니다. 책 읽기 가장 좋은 장소는 욕조입니다. 땀 흘리는 운동을 마치고 난 후, 욕조에 몸을 담근 채 책 한 권을 읽고 나옵니다. 근육을 이완시키는 반신욕 시간은 휴식 시간이면서 동시에 독서 시간입니다. 좋아하는 일은 짬짬이 하면 실컷 할 수 있습니다.

습관처럼 해야 하는 일도 자투리 시간을 이용합니다. 영어 단어 외우기나 복근 운동은 시간을 따로 플래닝하기 애매합니다. 매일 할 일 리스트에 올려두는 것으로 충분합니다. 그런 일은 이동 중이나 대기 중에 해치워 버리세요.

순간에 충실하자

목표를 위한 삶은 의미가 있지만, 순간을 잃어버리고 살면 슬픕니다. 인공지능이 따라 할 수 없는 인간의 유일한 능력은 감정입니다. 행복, 슬픔, 기쁨을 제대로 느끼는 일은 인간만이 할 수 있습니다.

감정에 충실하세요. 지금 하는 이 일이 좋은지 싫은지 느껴보세요. 떠오르는 생각을 놓치지 마세요. 하고 싶은 것, 갖고 싶은 것은 문득문득 마음속에서 떠오릅니다.

좋은 엄마는 아이가 원하는 것을 재빨리 알아채고 원하는 대로 해줍니다. 우리는 자신에게 스스로 좋은 엄마가 되어줄 수 있습니다. 내 마음이 원하는 것을 모른 척하지 마세요. 원하는 것을 잘 알고 소원 등대를 밝히세요. 플래닝을 통해 그곳에 가는 여정이 바로 인생입니다. 만족스런 하루하루가 모여 우리의 인생이 됩니다.

나를 위한 시간을 확보했다면, 이제 그 시간을 어떻게 계획하고 사용할지 알아봅시다.

STEP

3

1년을 제대로 사는 플래너 작성법

소원 등대로 가기 위한 12개월의 구체적인 플랜을 작성해 봅시다. 앞서 작성한 소원 등대의 내용을 한번 떠올려보세요. 독자님은 1년 동안 어떤 소원을 이루어보시겠어요?

15
|

매직플래너의 기적

시간이란 작은 유리병

시간은 누구에게나 공평하게 주어져요. 시간의 크기도 같습니다. 하루는 24시간이고, 일주일은 7일이며, 한 달은 30일입니다. 한 달이 12번이면 일 년이 됩니다. 우리의 시간은 작은 유리병과 같습니다. 시간 유리병은 깨지기 쉬워서 조심해야 합니다. 자칫하면 하루, 한 달, 심지어일 년을 그냥 망쳐버리죠.

우리는 각자의 시간 유리병에 소중한 돌들을 담습니다. 크고 작은 돌들은 우리가 하고 싶은 일, 해야 할 일, 하지 않으면 안 되는 일, 그밖에 사소한 일들입니다.

여기에는 아주 큰 돌, 적당히 큰 돌, 자갈과 모래가 마구 섞여 있습니다. 돌들을 유리병에 잘 넣으려면 순서가 필요합니다. 큰 돌처럼 중요한 일은 가장 먼저 유리병에 넣어주어야 합니다.

작은 모래로 유리병을 먼저 채워버리면 큰 돌을 넣을 자리가 없으니까요. 우리에게 가장 중요한 일은 가장 큰 돌입니다. 계획을 세울 때는 큰 돌, 즉 중요한 일을 먼저 배치해야 합니다. 12개월간 해야 할 일들을 순서대로 채워봅니다. 중요한 순서대로 시간 유리병에 할 일을 채우는 일이 바로 '매직플래닝'입니다.

목표를 달성하는 플래닝

중요한 일은 단번에 이루어지지 않습니다.

절대 시간이 필요하지요. 운동선수가 좋은 성적을 내기 위해서는 일정한 훈련량이 필요합니다. 선수의 역량을 향상시키기 위해 감독과 코치는 일 년, 한 달, 매일의 훈련 스케줄을 계획하고, 선수가 실천하도록 이끕니다.

선수에게 맞는 일정한 운동 루틴을 정하고, 시간과 강도, 횟수로 신체 기능을 강화하지요. 선수에게 훈련은 매우 중요한 일과입니다. 하지만 운동선수에게 매일의 훈련보다는 대회에서 좋은 성적을 내는 일이 중요합니다. 매일 하는 훈련이 아무리 중요하더라도, 실전 경기보다 중요하지 않습니다.

올림픽 출전을 꿈꾸는 운동선수의 일정을 매직플래닝 해봅시다.

올림픽 일정(큰 돌)에 맞춰, 올림픽으로 가기 위한 작은 대회(자갈돌)에 참여한 뒤, 매일 해야 하는 운동 루틴(모래)을 실천하게 합니다. 매일 하는 훈련은 올림픽에서 좋은 성적을 얻기 위해 필요한 과정이지만, 그 자체가 목적은 아닙니다.

모래는 중요하지만, 큰 돌의 목적을 이루어냈을 때 비로소 빛을 발하는 법이지요. 훈련을 잘 해내더라도 올림픽에서 좋은 성적을 내지 못하면 성과 없는 운동선수가 될 뿐입니다. 큰 돌 없이 모래만으로 이루어진 유리병은 아무것도 아닙니다.

단단한 시간 유리병 만들기

사람들을 행복하게 하는 사람들 중에 힙합과 칼군무로 세계인에게 사랑받는 방탄소년단이 있지요. 중소 기획사 소속이었던 그들은 처음에 방송 출연 및 프로모션할 수 있는 역량에 한계를 느꼈습니다. 그래서 SNS를 통해 홍보를 시작했지요.

무대 뒤에서도 최선을 다하는 방탄소년단의 모습에 팬들은 열광했습니다. 그들은 세계에서 가장 인기 있는 가수가 된 지금도 팬들과 소통하고 있습니다. 팬들과의 소통이 그들의 성공에 결정적 역할을 한 것은 틀림없습니다.

그렇다면 그들에게 SNS는 큰 돌인가요? 아니요, SNS는 작고 예쁜 모래입니다. 그들에게 큰 돌은 역시 노래이지요. 그들은 음악으로 그 자리에 섰습니다. 작사·작곡을 하고 앨범을 내지 않는다면 그들은 가수가 아닙니다. 가수에게 노래 없는 소통은 의미가 없지만, 멋진 노래와 함께하는 소통은 그들을 더 빛나게 합니다.

만약 모래 없이 큰 돌로만 유리병을 채우면 어떻게 될까요? 히트 곡 몇 곡만 남기고 사라진 수많은 가수가 여기에 해당하겠지요. 그렇게 큰 돌만으로 이루어진 유리병은 깨지기 쉬워요. 큰 돌이 들어 있는 유리병을 견고하게 하려면 자갈과 모래가 필요합니다.

시간 유리병을 종이 위에 펼친 것이 매직플래너입니다. 종이 한 장 위에 12개월을 펼쳐 놓고 큰 돌부터 채워 봅니다. 큰 돌은 중요한 일을 말합니다. 나만의 프로젝트, 하고 싶은 일, 소원 등대로 가는 일을 먼저 적어보세요. 그리고 작은 돌과 자갈, 모래를 순서대로 배치하세요. 이들은 진짜 중요한 일을 놓치지 않기 위해서 쓰입니다. 이런 과정을 거칠 때 단단한 시간 유리병을 만들 수 있습니다.

12개월 매직플래너 활용 가이드

12개월 넘게 걸리는 일은 더 작게 쪼개자

서른 살 오 대리는 10억 원의 자산을 가진 부자가 되기로 마음먹었습니다. 그런데 지금 가진 돈이 1,000만 원이라면, 오 대리는 언제 10억 원 자산의 부자가 될 수 있을까요?

10년 만에 10억 원을 모으려면, 1년에 1억 원을 모아야 합니다. 연봉 3,000만 원의 오 대리가 1년에 1억 원을 모으기란 현실적으로 불가능합니다. 지출을 줄이고, 생활비를 아껴서 2,000만 원을 모을 수 있다면, 오 대리의 올해 목표는 2,000만 원 저금이 적당합니다.

여기에 수입을 더 늘리는 방법을 찾을 수 있겠지요. 평소 취미를 살려 부업을 할 수도 있고, 몸값을 올려 이직할 수도 있습니다. 부동산이나 주식 등의 재테크를 활용할 수도 있습니다.

수입을 늘리기 위해 이제 아껴둔 시간을 사용합시다. 만약에 여러 노력으로 한 해에 2,000만 원을 모았다면 일단 성공입니다. 돈을 한번 모아

본 사람은 그 배가 되는 금액도 모을 수 있습니다. 다행히도 두 번째 해의 2,000만 원 모으기는 첫 해의 2,000만 원 모으기만큼 힘들지 않을 것입니다.

원래 모든 일이 처음이 가장 어렵기 마련이니까요. 그렇다면 오 대리의 목표인 '10억 원 부자'는 2,000만 원 모으기로 시작해야 알맞습니다. 오 대리의 1년간의 매직플래너는 '10억 원 부자 되기'가 아닌 '2,000만 원 모으기'가 적절합니다.

12개월 안에 해낼 수 있는 일로 먼저 시작합니다.

습관(루틴)이 필요한 일은 완성 시기를 적자

책 100권을 읽고 싶다면 12개월로 나누어 배치합니다. 12개월은 52주이기에 매주 2권을 읽어야 합니다. 현실적으로 가능한지 여부를 확인해 보세요. 매일 조금씩 읽기에 시간이 부족하다면, 주말에 시간을 안배하거나 휴가 기간에 책을 몰아서 읽을 수 있습니다. 물론 목표를 조정할 수도 있겠죠.

외국인과 영어로 대화하고 싶다면, 영어 공부할 시간을 배치합니다. 혼자 공부할지, 학원에 갈지 결정합니다. 학원에 간다면 학원 등록일을 정하고, 혼자 공부한다면 시험 볼 날짜와 목표 평가 점수를 적습니다. 날짜를 구체적으로 정하지 않으면, 영어 공부는 늘 머릿속에만 있을 거예요.

새로운 사업을 하고 싶다면, 현실적으로 가능한 사업과 그 시작일을 정하세요. 그리고 시장 조사를 하고 창업을 준비할 시간을 먼저 배치합니다.

가족과 함께 보낼 시간을 매직플래너에 담을 수도 있습니다. 매달 한 번씩 아이들과 시간을 보내기로 했다면, 박물관에 견학 가는 날이나 별자리 관찰하러 가는 날을 정합니다. 가족과 함께 평소에 하고 싶었던 일들을 적으면 됩니다.

목표는 가능한 높게 하고, 기한은 최대한 앞당기자

지금 우리는 안전지대를 벗어나는 중입니다. 편하게 할 수 있는 일을 도전이라고 할 수 없겠지요. 늘 하던 패턴이 아닌 다른 패턴으로 도전해봅시다.

건강을 위해 걷기 운동을 하기로 마음먹었다면, 3개월 후 단기 마라톤 대회에 참여 신청서를 내세요.

영어 공부를 하기로 마음먹었다면, 6개월 내에 토익 시험 일정을 체크하세요.

아이와 여행을 떠나기로 마음먹었다면, 방학에 떠나는 항공기를 예약하세요.

원하는 목표는 '과연 내가 할 수 있을까?' 하는 수준이 좋습니다. 느슨한 계획은 없는 거나 마찬가지예요. 지금과 완전히 다른 독자님을 위한 멋진 목표를 만들어 적으세요. 그리고 실천할 기한은 최대한 앞당기세요. 시간을 늦추면 결과도 늦습니다. 미룰 필요가 있을까요? 우물쭈물하지 말고 바로 시작하세요.

플래닝할 시간을 확보하자

나만의 시간을 만들어낼 시간을 확보하는 일부터 시작하세요. 12개월 매직플래너를 처음 만들 때에는 시간이 꽤 필요할 거예요. 하고 싶은 일이 무엇인지 생각하여 소원 등대를 세우고, 기록하는 일에는 시간이 필요합니다. 깊게 생각하지 않아도 좋아요. 생각나는 대로 적고, 나중에 업데이트할 때 수정하면 되니까요.

12개월 매직플래너를 디자인 할 때에는 방해받지 않는 조용한 곳으로 이동해서, 일정한 시간을 가지고 작성하세요. 80퍼센트 성과는 플래닝하는 20퍼센트의 시간이 만들어냅니다.

매직플래너를 업데이트할 때에도 시간이 필요합니다. 상황이 바뀌거나, 계획이 어그러질 때 잠시 멈추세요. 방향을 체크하고, 전술과 전략에 대해 생각할 시간을 가지세요.

새해에 1년 매직플래너를 업데이트하자

12개월 매직플래너는 1년 중 언제 시작해도 좋지만, 새해가 바뀔 때 업데이트하기를 권합니다. 한 해를 마감하고 새해를 맞이할 때 우리는 새해 소망을 품지요.

새해가 시작하기 전 내년 이맘때의 모습을 상상해보세요. 연봉이 인상되고, 시험에 합격하고, 내 집을 마련하고, 사랑하는 사람과 추억을 만들어낸 모습을 그려보세요.

이미 다 이룬 모습을 그린 다음에, 그 일을 해내는 과정을 거꾸로 거슬러 올라오며 상상해봅니다. 다가올 11월에 해낼 일, 10월에 해낼 일, 그러기 위해 3월, 2월, 그리고 새해의 시작인 1월에 해낼 일을 정하세요. 결과를 미리 알면 원인을 만들 수 있지요. 독자님은 다가올 한 해 동안 그 일을 해내고, 미리 그려두었던 결과를 만들어낼 거예요.

나를 위한 시간을 먼저 챙기자

매직플래너를 작성할 때 소중한 것을 먼저 디자인하세요. 돈, 명예, 가족보다 더 소중한 것은 독자님 자신입니다. 독자님의 마음을 어루만지고, 건강하기 위한 시간을 반드시 먼저 챙기세요. 소중한 것은 귀하게 대해주어야 합니다. 다른 무엇보다 먼저 자신을 위한 시간을 확보하세요.

독자님은 매직플래너를 작성하는 동안 행복한 느낌을 받을 거예요. 좋은 꿈을 꾸고, 복권 한 장을 사는 느낌과 비슷하죠. 10억 원을 다 모으면 얼마나 좋을까요? 대회에서 우승하면 부모님이 얼마나 자랑스러워하실까요? 영어를 마스터해서 외국인 친구를 사귀고, 시작한 사업이 승승장구하면 얼마나 행복할까요?

기억하세요. 일단 지금 플래닝을 합니다. 계획한 일은 연기될 수 있지만, 계획조차 하지 않으면 잊힙니다. 시작하지 않은 일은 이루어질 수 없습니다.

지금 당장 잠시 책 읽기를 멈추고 책 뒤의 부록을 꺼내 12개월 매직플래너를 작성해보세요! 기적이 지금부터 시작될 것입니다.

자, 이제 매직플래너를 작성해보겠습니다.

12개월 매직플래너 작성 방법

6개월 전에 미리 작성하자

12개월 매직플래너 양식은 간단합니다.

저는 처음에 프랭클린 플래너 속지 중 연간 플래너를 구매해서 썼어요. 그런데 1년짜리 장기 플랜이다 보니 계획은 수시로 변경되거나 연기되고, 삭제되거나 추가되는 일이 많더군요. 그래서 수시 업데이트를 할 수 있는 매직플래너를 직접 만들었습니다. 엑셀을 이용하면 편리해요.

한 달에 한 번 업데이트를 하는데, 필요할 때는 출력해서 사용합니다. 이 책에는 12개월 매직플래너 6개가 첨부되어 있으니 필요할 때마다 하나씩 업데이트해 사용해보세요.

12개월 매직플래너로 보면 1년이 무척 짧습니다. 거우 52주뿐이죠. 매직플래너는 365일을 종이에 쭉 펼쳐놓고, 시간을 적절히 배치하여 디자인합니다.

매직플래너는 1년에서 6개월 전에 미리 작성하면 좋습니다. 소원 성취는 절대 시간이 필요하니까요. 시간이 드는 일을 하기 위해 최소 3개월 전에는 계획이 세워져 있어야겠지요. 새해를 준비하는 신년 계획이라면, 그 이전 해 6월 전에 세우길 권합니다.

하지만 매직플래너를 미리 적는 데 부담 갖지 마세요! 당장 다음 달의 일도 예측할 수 없는 독자님의 상황을 이해합니다. 우리의 노력에도 불구하고 상황은 수시로 변할 거예요. 일단 현재로서 할 수 있는 최선의 기준으로 플랜을 작성하세요.

사항이 변하면서 변경된 일정은 수정하면 됩니다. 이 때문에 종종 업데이트가 필요합니다. 온라인 작성용 플래너를 변경할 때에는 파일명 뒤에 변경일을 적습니다.

2020년 매직플래너를 2019년 6월에 처음 만들었고, 7월, 8월에 수정했다면, 2020년_20190601 / 2020년_20190701 / 2020년_20190831 형식으로 저장합니다.

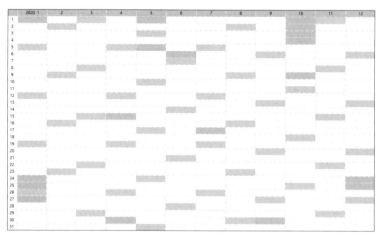

엑셀로 만든 매직플래너의 모습

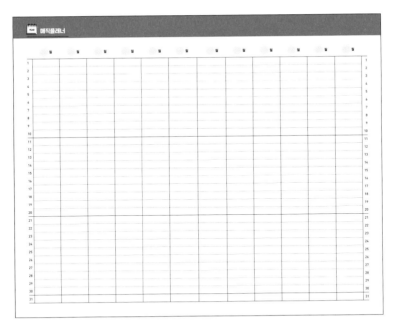

매직플래너의 모습

매직플래너의 짜임

12개월 매직플래너의 가로는 월이고, 세로는 일입니다. 연간 매직플래너의 가로는 1월부터 12월까지 12칸, 세로는 1일부터 31일까지 31칸으로 이루어져 있습니다. 가로와 세로를 맞추어 해당 일을 알 수 있습니다. 구별을 쉽게 하기 위해 평일은 흰색, 공휴일은 분홍색, 일요일은 회색으로 표시합니다.

새해의 매직플래너는 1월부터 12월까지 있는 12개월 플래너를 씁니다. 필요에 따라 지난해의 11월, 12월을 붙여 14개월로 쓸 수도 있습니다.

가을에 내년의 매직플래너를 업데이트할 때면, 다음 해 연간 플래너 1월, 2월을 붙여서 쓰기도 합니다.

예를 들어볼까요.

현재 2020년 2월이라면 2020년의 매직플래너에 2019년 11월, 12월을 붙여 사용합니다. 현재 2020년 10월이라면 2020년의 연간 플래너에 2021년 1월, 2월을 붙여 사용하기도 합니다.

작년과 올해의 플래너를 붙여서 사용한 경우(엑셀 사용시)

매직플래너는 1월에 시작하지 않아도 상관없습니다. 아무 때나 독자님이 시작하고 싶을 때 하면 됩니다. 단, 하기로 마음먹은 일은 바로 시작하세요. 3월부터 시작하는 매직플래너라면, 3월부터 출발해 다음 해 2월에 마무리됩니다.

플래너를 작성하는 순서

플래너를 작성하는 순서가 있습니다.

1 변경할 수 없는 일정을 먼저 체크하자

예정되어 있거나 바꿀 수 없는 일정은 먼저 표시합니다. 휴일, 수업, 방하, 시험 일정 등이 있겠지요.

휴일: 1년은 52주니까, 주말이 52번입니다. 공식적인 휴일인 주말은 1년에 총 104일입니다. 설날, 추석 등의 명절과 그밖에 공휴일까지 합하면 1년에 휴일은 총 120여 일입니다.

여기에 직장인이라면 여름휴가, 연차 휴가가 있습니다. 굉장하죠? 이렇게 휴일이 많은지 알고 계셨나요? 이렇게 긴 휴일을 어떻게 보내고 있나요? 그냥 아깝게 흘려보내셨나요? 휴일에 쉬더라도 무기력하게 흘려보내지 마세요.

휴일은 평소에 하고 싶던 일을 할 최고의 시간입니다. 휴일이 얼마나 많은지 매직플래너로 확인해 보세요.

방학: 학교의 학사 일정도 개인이 변경할 수 없습니다. 평소에 하고 싶은 공부가 있었다면, 학사 일정을 잘 보세요. 대학교의 수업 일수는 한 학기에 고작 4개월 정도예요. 사이버대학이나, 제가 다닌 한국방송통신대학은 1년에 학교에 가는 날이 며칠 되지 않습니다. 공부하고 싶다면 시간 핑계 대지 말고 그냥 하세요.

자녀가 있어도 학사 일정 체크는 필수입니다. 다음 해 연간 일정이 나오기 전이라면, 지난해 일정에 맞춰 예상 일정을 적은 후 실제 일정이 나오면 수정하면 됩니다.

아이가 유치원생이면 유치원 일정, 초등학교에 다니면 초등학교의 학사 일정을 미리 체크해둡니다. 매직플래너는 칸이 좁기에 입학, 방학, 개학, 시험, 졸업 등 중요한 일정만 표시를 합니다.

자녀 관련 일정이 많다면 자녀를 위한 매직플래너를 따로 작성하셔도 됩니다. 저도 세 아이들 일정이 한창 바쁠 때는 아이들을 위한 매직플래너를 따로 작성했답니다.

그밖에 자격증 관련 시험이나, 어학 시험 등 변경할 수 없는 공식적인 일정을 체크합니다.

매직플래너	1월	2월	3월	4월	5월	6월	7월	8월	9월	10월	11월	12월
1						기말고사기간				추석		기말고사기간
2			개강									
5					어린이날							
6				중간고사기간								
7												논문마감
8					어버이날							
12										중간고사기간		종강
15				선거								
20				토론신청	종강							
24	설							개강				

변경할 수 없는 일정을 먼저 표시한다.

② 휴가, 여행 등 개인 일정을 정하자

1번에서 체크한 일정은 우리가 임의로 변경할 수 없는 고정된 일정입니다. 이번에 디자인할 일정은 고정되지 않은 일정입니다. 상황에 따라 조절할 수 있습니다. 고정된 일정을 먼저 체크한 뒤, 그 일정에 맞추어 개인 일정을 조절하거나, 변경합니다.

고정되지 않은 일정 중 가장 먼저 배치하는 항목은 휴가나 여행 등의 쉬는 시간입니다. 너무 바빠서 쉬는 시간을 일성에 넣을 수 없다고 생각하지 마세요. 바쁠수록 쉬는 시간은 중요합니다.

'언젠가 때가 되면, 여행을 떠날 거야.'

'시간이 나면, 아이들과 놀아줘야지.'

'짬이 날 때, 그 친구를 만나러 갈 거야.'

독자님이 말하는 그때는 쉽게 오지 않을 거예요. 여행을 떠나기에 건강이 허락하지 않고, 아이들과 시간을 보내려고 하면 이미 아이들은 훌쩍 자라버리겠지요. 꿈꾸던 '그때'는 지금입니다. 바로 지금 디자인하세요.

여행: 징검다리 연휴 기간에 적절한 휴가를 더하면 장기 여행을 할 수 있습니다. 명절에 떠날 수 있다면 2주 이상의 여행도 가능합니다.

학교에 다니는 아이들이 있으면 학교 일정을 고려해야 합니다. 아이들이 있는 가정이라면, 8월 첫 주에 여름휴가를 잡는 것이 적절합니다. 아이들의 학원 방학이 이즈음이기 때문이지요. 다른 날 휴가를 떠나면 아이들은 두 번 쉬어야 합니다. 아이들의 시간도 소중합니다.

많은 사람들이 휴가를 떠나는 피크 시즌에는 여러 비용이 다 비쌉니다. 하지만 일찍 준비하면 저렴하게 보낼 수 있습니다. 항공기 티켓은 여름휴가가 끝난 직후, 항공사 세일을 이용하여 내년도 항공권을 구매하면 저렴합니다.

숙소도 6개월 전에 미리 예약하면 저렴합니다. 일정이 변경될 수 있다면, 취소 수수료가 없는 옵션으로 예약하세요. 비행기 표 구매가 급하지 않더라도 일정은 미리 체크해두세요. 그날 우리는 그냥 떠날 거예요.

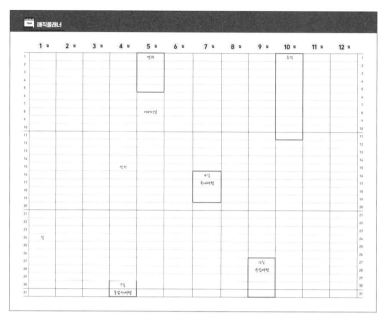

과감하게 휴가 일정을 먼저 체크한다.

휴가: 정해진 공식 일정 다음으로 휴기 일정을 가장 먼저 정하는 특별한 이유가 있습니다. 소중한 일들은 종종 미뤄지기 때문이에요. 바쁘다는 이유로 쉼을 연기하기 쉽습니다.

가족, 친구와 함께하는 시간이 소중한 것은 알지만, 일부러 시간을 내기 쉽지 않잖아요. 바쁠 때는 더욱 그렇지요. 아내에게, 남편에게, 사랑하는 가족에게 시간을 내주지도 못하면서 "내 맘 다 알지?"라는 말은 하지 마세요.

관계가 소원해졌다면, 한번 생각해보세요. 둘만의 시간을 충분히 가지고 계신가요?

남편과 아내에게 시간을 주세요. 둘만의 여행도 좋고, 맛집 데이트도 좋습니다.

자녀와 함께하는 시간을 가지세요. 아이들이 부모를 간절히 원하는 시간은 길어야 15년 정도입니다. 엄마밖에 모르던 아이들은 곧 친구와 각자의 짝을 찾아 떠날 것입니다. 사랑하는 자녀의 옆에 있어 주세요. 하던 일을 그만두고 아이만 지킬 필요는 없습니다. 일 년에 단 며칠간 온전히 아이에게 집중해 주는 것만으로도 아이는 사랑을 느낀답니다.

저는 일 년에 한두 번씩 아이들과 데이트 시간을 가집니다. 세 아이 중 한 아이와 단 둘이 아이가 원하는 데이트 장소로 가지요. 이번 주에 딸과 미술관 데이트를 했으면, 다음 번에는 둘째 아들과 영화관 데이트를 하는 식이지요. 아이들은 단 둘이 있을 때가 되어서야 제 속마음을 이야기합니다. 바빠도 아이들의 마음을 얻는 일만큼은 포기하지 마세요.

먼저 떠나실 부모님께는 잊지 못할 추억을 선물하세요. 드시고 싶은 음식을 사드리고, 가시고 싶어 하는 곳에 모시고 갑니다. 나중에, 다음에는 없을 거예요. 그리운 친구는 만나세요. 친구가 독자님을 잊기 전에요. 사람과 사람의 마음은 시간을 함께해야 통하는 법입니다. 마음을 나누고 싶은 사람에게 가장 먼저 시간을 배분하세요.

나 자신에게 시간을 주는 일도 잊지 마세요. 바쁠수록 숨을 고를 수 있는 시간이 필요합니다. 멀리 떠나지 못하더라도 혼자 생각할 시간을 가져보세요. 매주 일정 시간 자신의 시간을 갖고 있다면 매직플래너에 적지 않아도 좋습니다.

휴가는 달음박질을 위한 숨 고르기입니다. 숨이 차도록 바쁘게 일을 하다 보면 지치기 마련입니다. 평소 너무 바쁘더라도, 휴가만 생각하면 다시 힘을 낼 수 있습니다. 매직플래너에서 휴가는 사막의 오아시스와 같습니다. 쉴 곳을 정해두고 떠나는 사막 여행은 안전합니다.

"힘들다…… 하지만 다음 달이면 휴가야. 조금만 더 힘을 내자!"

바쁠수록 숨을 고를 수 있는 시간이 필요합니다. 꾸준히 적당히 바쁘기보다 일하고 쉬기를 반복하면 더 능률적입니다. 정신없이 바쁘게 일했다가, 일정 기간 쉬고 나면 다시 도전할 힘이 샘솟습니다. 바쁘다는 이유로 멈춤을 연기하지 마세요. 휴가는 더 잘 뛰기 위한 쉼표이기도 합니다.

❸ 소원 등대로 가는 길을 배치하자

중요한 일은 한 번에 이루어지지 않지요. 사업을 시작하거나, 연구를 진행하거나, 대회에 출전할 때에는 오랜 기간 준비해야 합니다.

이제 앞서 계획한 소원 등대로 가기 위해 해야 할 일을 배치합니다. 개인적으로 중요한 일도 배치합니다.

연간 100권의 책 읽기가 목표라면, 매달 읽을 책을 배분합니다. 주말을 이용하여 일주일에 2권을 꾸준히 읽을 수도 있고, 평소 1권을 읽나가 휴가 때 몰아서 읽을 수도 있습니다. 읽으려고 책장에 꽂아두었지만, 미처 못 읽은 책의 이름을 적어도 좋습니다.

자격증이 목표라면, 공부할 분량을 배분합니다. 어학 점수가 목표라면 시험 일을 미리 정해두고 디데이에 맞춰 공부하면 효과적입니다. 매일 공부해야 할 절대량을 조금씩 꾸준히 해나간다면 자격증 취득도 문제 없습니다.

새로운 일을 시작하려 한다면 일의 순서에 맞춰 거꾸로 시간을 배분합니다. 저는 시간 부자에 대한 연구를 할 시간을 배분하고, 이 책을 쓰고 있습니다. 이 시간을 먼저 확보하지 않으면, 프로젝트는 영원히 꿈으로 남을 것입니다. 우리에게 남는 시간은 애초부터 없었으니까요.

매직플래너는 '이 순간 무엇을 할 것인가?'를 선택할 때 도움이 됩니다. 무엇보다 부업이나 사업을 할 때도 이런 시간 배치는 유용합니다.

독자님이 인터넷 쇼핑몰을 운영한다고 해보죠. 회사의 주력 상품을 다이어리라고 가정하고 살펴볼까요?

매출 목표를 12개월로 나누어 매달 매출 목표를 설정합니다. 목표는 다소 높게 잡고 시작하는 게 좋습니다. 목표가 100점이면 50%라도 50점이지만, 애초 목표가 50점이면, 최대 한계인 100%까지 능력을 발휘해야 50점이 되니까요.

다이어리 판매 목표 매출이 1억 2,000만 원이라면 매달 1,000만 원의 매출을 달성해야 합니다. 다이어리 한 개 가격이 만 원이라면 한 달에 1,000개를 팔아야겠군요. 한 달은 30일이니 매일 33개를 팔아야 목표를 달성할 수 있습니다. 하루에 33개의 다이어리를 팔 수 없다면, 목표를 낮춰 수정하거나 판매 단가를 높여야 합니다.

매직플래너는 '현실적으로 가능한가?'를 판단하게 해줍니다.

④ 해야 하는 일을 표시하자

여기부터 일반적인 플래너에서 쓰는 부분입니다. 드디어 '해야 할 일'과 '하지 않으면 안 될 일'을 적을 차례입니다. '하고 싶은 일'과 '해야 할 일'이 같다면 더할 나위 없이 좋겠지만, 현실이 어디 그런가요?

이 일정의 '해야 할 일'들은 돈 벌기 위해 하는 일, 업무상 하는 일, 일상에 필요한 일들입니다.

우리는 매일 생활을 해야 합니다. 어떻게 하고 싶은 일만 할 수 있겠어요. 대부분의 사람들은 먹고살기 위해 일합니다. 가기 싫지만 억지로 회사에 출근하고, 즐겁지 않지만 웃습니다. 여러분은 어떠신가요?

하기 싫은 일을 꾸역꾸역 하면서 '언제까지 이 일을 해야 하나?' 하는 생각으로 버텨왔다면, 뭔가 바뀌어야 합니다. 맘에 안 든다고 때려치울 수도 없습니다. **일 자체를 바꿀 수 없지만, 태도는 바꿀 수 있습니다.** 땡볕에서 온종일 벽돌을 쌓더라도 내가 쌓는 이 사소한 벽돌 한 장이 한 가족의 따뜻한 집이 된다는 마음이면 즐겁습니다.

가치 있는 사람이 되는 일은 태도에 달려 있습니다. 같은 일을 하더라도 긍정적인 마음이면 힘이 덜 들 거예요. 도저히 그 맘이 들지 않는다면, 다른 일로 바꾸어야 합니다.

다만, 잘 생각해보세요.

새로 시작하려는 그 일을 신나게 할 수 있나요?

빨간 선글라스를 끼고 하늘을 보면, 하늘이 빨갛게 보입니다. 마음의 색을 바꾸지 않으면 어떤 곳으로 가도 하늘이 빨갛게 보일 거예요. 지금 하는 일이 정말 맞지 않나요? 혹시 지금 투덜투덜 선글라스를 쓰고 있지 않나 확인해보세요.

상황에 따른 플래너 사용법

세부 플랜 작성하기

앞서 작성한 12개월 매직플래너 기준으로, 이제는 세부 플랜을 작성해 봅시다. 세부 플랜에는 월간 플랜과 주간 플랜이 있습니다. 월간 플래너는 익숙할 거예요. 벽에 거는 달력도 월간 플래너이지요. 주간 플래너는 하루 시간을 디자인하기에 유용합니다.

먼저 월간 플래닝부터 이야기해보지요.

제가 가장 먼저 사용한 월간 플래너는 첫 아이를 낳고 시작한 육아 일기였습니다. 아이 책을 사면서 선물로 받은 성장 일기장으로, 아이가 변화하는 과정을 간단히 메모할 수 있었지요. 당시에는 플랜이라기보다는 기록에 불과했습니다.

전업주부가 되면서 가계부를 쓰기 시작했고, 그다음에는 보험사에서 받은 다이어리 정리로 이어졌습니다. 이때 처음 인생 플래닝과 연간 플래닝을 하게 됩니다. 언제 얼마만큼 돈을 벌고, 아이는 몇 살이 되고, 저는 얼마나 나이를 먹을지 계산했습니다.

이전에 썼던 다이어리들

제가 가장 오래 사용한 다이어리는 프랭클린 플래너입니다. 2005년부터 매년 사용해왔습니다. 프랭클린 플래너는 세계에서 가장 유명한 다이어리로 벤자민 프랭클린의 습관을 기본으로 하여 만든 다이어리입니다.

소중한 것을 먼저 하기 위한 우선 업무, 예정 일정, 위클리 캠퍼스, 사명서, 목표 설정을 할 수 있도록 되어 있습니다. 다만 이 다이어리의 결정적 단점은 업무에만 집중한다는 점입니다. 일정표의 시간도 업무 시간인 9시부터 시작하지요. 하루 전체에 관심이 있는 제게 아쉬운 부분이었어요. 제가 사용하는 플래너는 24시간을 나타냅니다. 수면 시간과 업무 외 시간도 소중하니까요.

세부 플랜은 종이에 쓰자

세부 플랜을 세울 때, 다이어리를 이용해도 되고, 가계부를 이용해도 괜찮습니다. 하지만 온라인 플래너를 쓴다면 프린트를 해서 종이에 작성하기를 권합니다. 특히 비전 설정, 일정 계획 등 오래 기억해야 할 중요한 일은 종이에 필기하는 게 좋습니다.

우리는 쉽게 한 일보다 힘들게 해낸 일을 더 오래, 강하게 기억하기 때문입니다. 프린트하고, 펜을 꺼내 손가락을 움직여야 하는 번거로운 일을 하면, 계획은 더 오래 머리에 남습니다.

뇌과학자 김대식 교수는 "뇌과학적으로 봤을 때 저장이 가장 잘되는 방법은, 동일한 정보가 다양한 방식으로 처리되는 것입니다. 본 것을 만져도 보고, 생각도 해보고, 써보고, 다시 읽어보고 하면, 그만큼 저장이 잘됩니다. 밖에서 보는 행동의 차원에서는 똑같은 정보이지만 뇌 안에서는 눈으로 본 정보와 글로 쓴 정보가 다르게 처리됩니다. 정보 저장이 입체적으로 된다는 얘기입니다."라며 쓰기의 중요성을 강조했습니다.

단순한 메모나 약속은 온라인 플래너와 탁상 달력으로

저는 단순한 약속이나 해야 할 일은 탁상 달력과 구글캘린더를 사용하고 있습니다. 탁상 달력은 아이들 일정 체크용입니다. 식탁 위에 두고 필요할 때마다 아이들 학교의 일정을 기록합니다.

제가 기억력이 좋지 않은 편이라 세 아이들의 일정을 일일이 기억하기가 쉽지 않습니다. 매번 온라인 플래너를 열어 확인하기도 번거롭고요. 학교 상담 일정, 체험 학습, 봉사 활동 등의 단기 일정은 탁상 달력에 쓰면 편합니다. 매일 수시로 식탁 위의 달력을 체크하여 놓치는 일이 없도록 합니다.

구글캘린더의 장점

오랫동안 사용하던 프랭클린 플래너는 지금은 사용하지 않습니다. 대신 온라인 구글캘린더를 쓰고 있습니다. 목표를 설정할 때에는 손으로 쓰기 위해 종이 플래너가 필요하지만, '해야 할 일'이나, 즉각적인 약속을 메모하는 기능으로는 온라인 플래너가 유용합니다. 어느덧 두 손 가볍게 스마트폰만 들고 다니다 보니 자연스러운 일이지요.

구글캘린더는 책상에서는 PC를 이용하고, 외부에서는 스마트폰 앱을 이용합니다. 월간 계획을 할 때는 구글캘린더를 출력해서 종이 플래너로 만들어 이용합니다.

구글캘린더는 지메일, 구글드라이브, 구글맵 등 많은 앱과 연동되는 장점이 있습니다. 캘린더별로 그룹화할 수 있고, 다른 사람과 일정을 공유할 수도 있습니다. 다른 사람과 함께하는 프로젝트를 할 때, 업무에 관련 있는 사람들끼리 일정을 공유하고, 구글맵과 연동할 수 있습니다.

구글캘린더 사용법

1 세부 카테고리를 이용해 다중 캘린더를 만들 수 있습니다. 개인 업무, 공부 계획, 아이들 일정, 회사 업무, 임대 물건 일정을 카테고리별로 따로 나누어 저장합니다.

2 PC와 스마트폰 캘린더가 연동됩니다. 스마트폰 캘린더로 약속을 저장하면 PC에서 같은 내용을 볼 수 있습니다.

③ 캘린더 공유가 가능합니다. 여럿이 함께하는 업무의 스케줄을 공유할 수 있습니다. 협업할 때 일정을 조절하기 좋습니다.

④ 반복 일정 관리가 가능합니다. 매주 목요일 저녁 5주간의 강의 일정이 있다면 한 번만 입력해두면 됩니다.

⑤ 구글맵과 연동하여 장소를 기록할 수 있습니다. 여행할 때 여행지 정보와 숙소 정보들을 메모해두면 편리합니다.

⑥ 정해진 시간에 알림이 옵니다. 몇 분 전에 알림을 받을지 미리 설정하면, 스마트폰 알림을 받을 수 있습니다.

구글캘린더 화면(왼쪽은 PC 버전, 오른쪽은 모바일 버전)

세부 플랜으로 징검다리 배치하기

월간 플래너 작성하기

월간 플래너는 12개월 매직플래너보다 세부적인 내용이 들어갑니다. 주간 플래너는 하루 일정을 24시간으로 배분하여 일주일간의 활동을 한눈에 볼 수 있도록 합니다. 다음의 작성법을 잘 읽고, 책 뒤의 부록을 꺼내 플래너를 작성해보세요.

월간 플래너 작성 순서

1 이달의 빅 미션 정하기

월간 플래너는 1년의 계획이 잘 이루어지도록 도와주는 징검다리입니다. 연말에 2,000만 원 모으기가 목표라면 매달 167만 원씩 적립해야겠지요. 이달의 미션은 '167만 원 모으기'입니다. 다이어트를 하고 있다면 이달의 목표 몸무게가 있고, 미션은 '2킬로그램 줄이기'입니다.

❷ 결과 미션보다 과정 미션으로

미션을 정한 뒤 목표를 향한 과정의 시간을 배분합니다.

167만 원을 적립하기 위해 적금을 들고, 월급 다음 날 자동 이체가 되도록 합니다. 급여가 300만 원이라면 133만 원을 지출할 수 있습니다. 교통비, 식비 등의 고정 비용 70만 원을 제외하고 나면 63만 원이 남습니다. 그러면 매주 지출할 수 있는 금액이 15만 원 정도네요.

이와 함께 지출을 줄이면서 동시에 수입을 늘리는 방법도 고민해 봅니다. 퇴근 후 동네 학원에서 강사로 아르바이트를 하면 100만 원의 수입을 더 만들 수 있습니다. 단기간에 목돈을 마련하려면 시간을 팔아 돈을 버는 방법을 선택하겠지요.

만약에 '웹 소설 작가로 데뷔하기'가 미션이라면, 집필 시간을 확보합니다. 30일간 20회 완성이라는 미션으로 시간을 배분합니다. 퇴근길에 카페나 도서관에 들러 집필한다면, 매일 3~4시간의 집필 시간을 확보할 수 있습니다. 또는 평일에는 1~2시간만 쓰고, 주말에 몰아서 집필할 수도 있습니다.

올해 경매로 집을 12채 낙찰받는 것이 목표라면, 매달 한 건의 낙찰을 받아야겠지요. 이 경우 결과 미션은 '한 건 낙찰'이 되고, 과정 미션은 '다섯 번 입찰'이 될 거예요. 제가 해보니 과정으로 표현한 미션이 더 효과적이었어요.

2016년 상반기에 저는 치열한 경쟁을 하는 물건보다, 경쟁자가 거의 없는 물건을 주로 노리고 있었어요. 최저가에 가까운 낮은 가격으로 입찰했기에, 높은 가격에 들어오는 경쟁자가 있으면 패찰을 하는 거죠.

입찰을 다섯 번 하면 한 번 정도 낙찰을 받았습니다. 입찰할 물건을 확인하기 위해 현장 답사를 해야 하는데, 현장 답사를 세 번 정도 가면 입찰할 물건 하나를 찾습니다. 서류상으로 맘에 드는 물건이 있어도 현장에 가면 기대에 미치지 않는 물건이 있거든요.

현장 답사할 물건은 그냥 주어지나요? 현장 답사를 할 1건의 물건을 찾기 위해 최소 3시간은 검색해야 합니다. 이 정도는 엄청 빠른 거예요. 초보자는 1건의 물건을 찾기 위해 며칠간 물건 검색 사이트를 뒤져야 합니다.

자, 시간 배분을 해볼까요? 한 건 낙찰을 받기 위해 얼마나 많은 시간이 필요할까요? 총 45시간 물건 검색을 한 후에, 15건의 현장 답사를 하고, 5번 법원 입찰을 하여 1건을 낙찰받았습니다. (당시에 상가, 토지를 신중히 입찰할 때의 예시입니다. 일반 주택으로 입찰가를 적당히 올리면 낙찰률은 더 올라갑니다.)

주간 플래너(매일 플래너) 작성하기

매직플래너는 적은 노력으로 최대의 효과를 내게 합니다. 가능한 짧은 시간 내에 해야 할 일을 해치우고, 정해진 날짜에 결과를 만들 수 있게 합니다. 매직플래너로 소원 등대를 세우고, 월간 플래너로 시간을 배분하였다면, 주간 플래너는 하루 단위 실천 내용입니다. 적게 일하기 위해 하루를 디자인하는 것이죠.

주간 플래너는 일주일의 계획이면서, 동시에 매일의 실천 체크지입니다.

가로에 월화수목금토일의 요일이 있고, 세로에는 24시간이 있습니다. 주간 플래너를 보면 우리가 시간을 어떻게 쓰고 있는지 확인할 수 있습니다.

주간 플래너는 매일 작성하고, 수정하고, 실천하는 플래너입니다. 일반 플래너가 오전 9시부터 6시까지 나타낸다면, 제가 만든 주간 플래너는 하루를 24시간으로 나타냅니다. 일을 하기 위한 플래너가 아니라 하루를 잘 살아내기 위한 플래너이니까요.

주간 플래너를 이용하여 하루를 디자인해봅니다. 플래너를 연필로 작성하면 수시로 수정하기 좋습니다. 부록을 펴 독자님의 하루를 디자인해보세요.

주간 플래너로 디자인하는 일상

제 경우에는 저녁 11시부터 오전 6시까지 취침 시간입니다. 현대인에게 잠자는 시간은 매우 중요합니다. 가능한 11시를 넘기지 않고 잠자리에 들기 위해 노력합니다.

7시간의 취침 후 아침 운동 30분, 화상 중국어 공부 30분 후, 7시부터 아침 식사를 준비합니다. 아침 식사는 식탁에 두면 가족들이 자신의 스케줄대로 먹고 일터와 학교로 갑니다. 막내까지 학교에 보내고 나면 해야 할 일을 합니다. 정리 청소, 빨래 등의 집안일은 오전에 빨리 하거나, 따로 시간을 정하지 않고 수시로 합니다. 일주일에 3번 저녁 운동을 합니다. 일주일에 2번 대학원 수업에 갑니다.

돈을 버는 일과, 하고 싶은 일, 해야 할 일은 주로 업무 시간에 합니다. 업무 시간에는 경매와 임대 관련 일을 합니다. 책 쓰기, 강의하기, 강의 준비도 업무입니다.

혼자 하는 일이라도 완전히 혼자 할 수는 없습니다. 가능한 다른 사람들이 일하는 낮 시간에 일하면 좋습니다. 일은 업무 시간 중에 마치고, 업무가 끝나면 일은 잊고 가족과 시간을 보냅니다.

주간 플래너 사용 예시

등대가 가리키는 일

일상은 현재를 유지하는 일입니다.

현재의 모습과 획기적으로 다른 내일을 원한다면, 오늘 그 일을 시작해야 합니다. 그 일은 낯설고 두려워 시작하기도 어렵고, 계속하기는 더 어렵습니다. 그 일을 하기 위한 시간을 만들어내는 것으로 시작하세요. 지금의 나와 달라지기 위해 원하는 일을 배치해봅니다.

건강해지고 싶다면 운동할 시간을 만듭니다. 새로운 것을 배우고 싶다면 공부할 시간을 만듭니다. 정돈된 집에서 살고 싶으면 청소할 시간을 만듭니다.

플래너 속에서 시간을 찾아보세요. 우린 그 대단한 일을 하기 위해서 어떤 다른 일을 포기해야 합니다.

운동하기 위해 텔레비전 시청을 포기하거나, 공부하기 위해서 저녁 아르바이트를 포기할 수 있습니다. 지금 플래닝하는 그 일의 방향이 독자님의 등대가 가리키는 방향과 같은지 확인하세요. **의미 없이 하는 일은 그만두고, 등대가 가리키는 일을 하세요.**

플래너는 계속 업데이트하자

계획대로 되지 않을 때

지금까지 저는 열심히 계획을 하라고 했습니다. 그런데 이번에는 계획을 연기하거나 수정하거나 갑자기 취소하라는 말을 하려고 해요. 참 이상하지요? 하지만 늘 모든 것이 계획대로 되지 않는다는 사실을 인정합시다. 유연하게 대처해야 스트레스를 받지 않아요.

앞에 들었던 예를 가져와볼게요.

매달 167만 원을 모으기로 했는데, 만약 지난 5월에 예상치 못한 지출로 150만 원밖에 저축하지 못했다고 해봐요. 그러면 지난 달에 모으지 못한 17만 원을 더해서 이달 미션은 '184만 원 적립'이 됩니다. 석 달은 미션대로 잘 모으다가 갑자기 목돈이 필요한 일이 생겼습니다. 이달 미션을 지키기는커녕 모은 돈도 다 써야 할 상황입니다.

이럴 때는 어떻게 하면 좋을까요?

플랜을 수정하면 됩니다. 목표 금액을 낮출 수도 있고, 목표 완료일을 늦출 수

도 있어요. 상황이 몹시 좋지 않으면 취소할 수도 있습니다. 살다 보면 꼭 그런 일이 있더라고요. 몸이 아프거나, 집안에 큰일이 생기거나 등등.

이 책을 쓰는 일도 그랬습니다. 실은 이 책은 1년 전에 이미 완성했습니다. 하지만 재작업이 필요했습니다. 시간에 대해 연구하면 할수록 나 자신이 시간을 제대로 잘 보내고 있는지 점점 더 자신이 없어졌습니다.

'내가 과연 시간에 대해 말할 자격이 있을까?'

이런 생각까지 들었지요. 지금이요? 이제는 깨달았습니다. 누구도 완벽하게 자신의 시간을 컨트롤할 수 없다는 사실을 말이죠. 우리는 인간이니까요.

계획은 원래 계획대로 안 된다

원래 계획은 계획대로 안 되기 마련입니다. 당연한 거에요. 특히 우리는 자신의 안전지대를 넘어서는 꿈의 프로젝트를 이루고자 하잖아요.

피터 콜린스는 《어웨이크》에서 안전지대를 벗어나는 방법에 대해 이야기합니다. 저자는 익숙함을 버리고 불편함을 선택하라고 말합니다.

예일대학교 에이미안스톤 교수에 따르면 자신이 상황을 통제할 수 있다고 착각만 해도 인식 기능이 보존된다고 합니다. 우리의 뇌는 통제가 곧 안정이라고 믿어버리죠. 하지만 실제 우리가 통제할 수 없는 일들이 얼마나 많은가요?

살아가면서 개인이 통제할 수 있는 영역은 그리 넓지 않습니다. 오늘의 날씨, 정치적 상황, 경제적 상황은 물론이고, 다른 사람이 나를 대하는 태도, 연인이나 배우자와의 관계도 내 마음대로 되지 않습니다. 과정이 전부 계획대로 된다면 도리어 이상하죠.

부정적인 생각은 잠시 잊자

그럼에도 불구하고 매직플래너를 적는 일은 두려워하지 마세요. 못 해내도 괜찮습니다. 독자님이 하고자 하는 일은 독자님 마음속에 있는 소원입니다. 누가 시키는 일도 아니고, 그 일을 하지 않아도 아무도 뭐라고 하지 않습니다. 그저 하고 싶은 일을 하지 못하니 독자님 자신이 안타까울 뿐이에요. 일단 매직플래너를 작성하고 나면, 이루어낼 힘이 생길 거예요.

하지 못할까 봐 두려워서 매직플래너를 적지 못할 이유가 없습니다. 하기 쉬운 일을 소원이라고 하지 않잖아요? 독자님은 어려운 일을 하려는 중입니다. 정해진 시간까지 이루어내지 못해도 괜찮습니다. 다시 플래닝하면 됩니다. 다만 적당한 때가 되길 기다리지 마세요. 그때는 오지 않을 거예요. 지금 할 수 있는 일 중 무엇이든 시작하세요.

힘들 때 플래너를 업데이트하자

매직플래너는 12개월짜리 장기 플랜입니다. 실천하는 동안 많은 일이 있을 거예요.

계획을 어그러뜨리는 어려움은 애초에 계획 속에 없었습니다. 그래요,

솔직하게 말씀드릴게요. 모든 일은 드라마틱하게 계획대로 되지 않을 거예요. 새로운 사업을 시작하려고 할 때, 경기가 얼어붙습니다. 또 본격적으로 투자를 시작하려고 하는데, 직장을 잃지요.

앞서 말씀드렸죠? 저도 수없이 그 어그러짐을 겪어왔습니다. 계획된 시기에 매도가 되지 않는 부동산으로 애를 먹기도 하였고, 다이어트는 실패를 거듭했습니다. 친정 엄마와 딸과 함께 3대가 떠나려던 여행은 남편의 갑작스런 입원으로 취소되었지요.

독자님이 플랜을 실천하는 동안, 예상할 수 있는 일과 전혀 예상하지 못한 일이 연달아 일어날 거예요. 소중한 일은 절대적인 시간이 필요한데, 안타깝게도 우리는 당장 내일 일도 알 수 없습니다. 그렇더라도 우린 원하는 일을 플래닝할 거예요.

하는 일마다 성공하는 사람이 되려고 하지 마세요. 도전하지 않은 사람만이 늘 성공할 수 있습니다. 마법 같은 일은 실패 없이 이루어낼 수 없습니다. 때로는 멈추기도 하고, 잠시 미루기도 하면서 말이죠. 필요하다면 계획을 아예 없던 일로 만들 수도 있습니다.

매직플래너는 1년에 단 한번 하고 마는 플래닝이 아니에요. 매달 한 번씩 정기적으로 업데이트할 필요는 없지만, 특별한 성과가 있거나 어려움에 처했을 때에는 업데이트해야 합니다. 업데이트로 꿈과 현실을 맞추어갈 수 있습니다.

완벽주의라면 마음을 편하게

정해진 계획을 완벽히 지켜야 한다고 생각하면 계획을 세울 수 없습니다. 안전지대를 벗어나는 데서 생기는 두려움은 호기심과 용기로 극복할 수 있습니다. 우리가 할 수 있는 영역은 나 자신을 변화시키는 것뿐입니다. 흡연, 음주, 낭비, 게으름 등의 나쁜 습관을 버리고, 건강한 몸과 마음을 만드는 좋은 습관으로 변화시킬 수 있습니다.

알아요. 쉽지 않지요. 그래서 우리는 과정 안에서 변화를 만듭니다. 할 수 있는 영역에서는 최대한 해내기 위해서이지요. 안전지대 밖에 우리가 원하는 삶이 있으니까요.

그래서 우리는 원하는 것을 플래닝합니다.

STEP

4

만든 시간으로
시간 부자가 되는 법

저는 예전보다 적게 일하고 더 많이 벌고 있습니다. 이번 장에서는 돈 없고 기술도 없는 제가 해낸 시간 부자가 되는 방법을 알려드릴게요.

나는 어떻게 적게 일하고도 수입이 늘었을까?

적게 일하고 많이 벌게 된 비결

지금까지 우리는 가고 싶은 지점, 즉 목표를 설정하고 거기로 가는 시간을 확보했습니다. 매직플래너로 일 년의 그림을 그리고, 매일의 일과를 정하기까지 했지요. 이제 여러분은 시간 부자가 될 준비를 거의 마쳤습니다. 앞으로는 실행만이 남아 있어요.

이번 장에서는 어떻게 실제로 능력을 얻고, 수입을 창출하고, 더 나은 미래를 불러올 수 있는지 알려드릴게요.

먼저 제 얘기부터 하겠습니다. 저는 예전보다 적게 일하고 더 많이 벌고 있습니다. 어쩌면 이게 제가 이 책을 쓸 수 있었던 이유이기도 하지요. 많은 사람들이 그 비결을 궁금해했거든요. 돈 없고 기술도 없는 제가 한 방법을 알려드리겠습니다. 첫 직장부터 이야기할까요?

평범한 회사원이 꿈이었던 전업주부

학교를 졸업하고 저의 첫 직장은 작은 의류 무역회사의 꼬마 디자이너였습니다. 몇 년 후 유명 브랜드 의류 MD로 이직했지요. 제 업무는 잘 팔릴 주력 상품과 서브 상품을 정하고, 적절한 물량을 전국 지점에 공급하도록 돕는 일이었습니다.

회사는 이익을 내고 있었고, 덕분에 저도 인정받았습니다. 거기 다닐 때 결혼을 했고, 큰 아이를 임신하고 출산 휴가를 받았습니다. 그런데 안타깝게도 IMF 외환 위기가 터지면서, 제 첫 직장생활을 마감해야 했습니다. 월급 중독에 제대로 빠지기도 전에 직장을 잃고 전업주부가 되었던 셈이죠.

당시에 직장생활을 하는 친구들이 어찌나 부럽던지요. 어딘가에 소속된 사실도 부럽고, 월급이 매달 나오는 것도 무척이나 부러웠습니다.

전업주부 시절, 저는 다시 회사원이 되고 싶었습니다. 구두를 신고 또각거리며 목에 사원증을 걸고 출근하는 워킹우먼이고 싶었습니다. 저는 아이들이 얼른 커서 다시 출근할 날을 기다렸어요. 큰아이가 초등학생이 되었을 때, 일을 시작하려고 했습니다. 그런데 막상 그때가 되어도 회사에 이력서조차 낼 수 없었어요.

아이들을 학교와 어린이집을 보내고 출근하려면 8시 30분에야 집을 나설 수 있었고, 4시에는 집으로 돌아와야 했으니까요. 그 짧은 시간에 할 수 있는 일은 많지 않았어요.

쇼핑몰 운영, 학습지 교사, 보험 영업까지

마트 계산원은 급여가 너무 적었고, 톨게이트 수납원은 야간 3교대였고, 인근 버섯 농장 인부 일은 6시 퇴근이었습니다.

"안 되겠다. 기술을 배워야겠어."

정부 재취업 프로그램으로 인터넷과 컴퓨터를 배웠습니다. 그래픽기능사 자격증을 따고, 아동 의류 쇼핑몰 홈페이지를 직접 만들어 운영하기 시작했지요. 2002년 당시에는 인터넷 쇼핑몰 초창기라 장사가 꽤 잘되었습니다. 저는 홈페이지 운영과 배송을 담당하고, 동생이 동대문시장에서 물건을 해왔습니다.

정말 바빴는데, 이상하게 손에 남는 것이 별로 없었어요. 돈이 아니라 옷이 남더군요. 아동복 사이즈가 7가지였는데, 잘나가는 사이즈만 나가고, 가장 작은 사이즈와 큰 사이즈는 재고로 남는 거예요. 재고를 처리하려고 옷을 들고 거리에 좌판을 벌이기도 했지요. 어린아이들을 키우면서 하기에 일이 너무 많았습니다. 1년 후 쇼핑몰을 팔아 정리했습니다.

큰 아이가 초등학교에 들어간 이후, 아이들 방문 학습지 선생님의 권유로 학습지 교사를 시작했습니다. 학습지 교사는 아이들만 가르치면 되는 줄 알았습니다. 하지만 실제 학습지 교사는 신분은 자영업자이면서 회사원처럼 해야 할 일이 많습니다.

정기적으로 출퇴근 하는 일이 아닌 자유로운 시간 노동자이지만, 아이들을 가르치는 선생님이면서 가르치는 아이들 수만큼 수익을 내는 영업직이기도 합니다. 또 하루에 많은 집을 방문해야 하니 체력도 필요하고,

아이가 학습지를 그만두면 수입은 그만큼 줄어들이 불인징했습니다. 그럼에도 불구하고 경력 단절 여성이 일하기에는 최적의 조건이었습니다. 실력이 향상된 아이들을 보면서 가르친 보람도 느꼈고요. 그러다가 얼마 후에 지인의 소개로 외국계 보험 회사에 입사했습니다. 결혼 후 10년 동안, 이런저런 할 수 있는 일을 하며 열심히 살았더랬지요. 쉬지 않고 일하며 말이죠.

지금은 적게 일하고 많이 번다

결혼 후 첫 10년은 열심히 개미처럼 일했다면, 그다음 10년은 가능한 적게 일하려고 노력했습니다. 그런데 적게 일하면서 생활을 영위하려면, 자신만의 독특한 전략이 있어야 합니다.

학습지 선생님이 적게 일하려면 장소를 최대한 덜 이동하면 됩니다. 학습지는 과목당 수수료를 받습니다. 한 아이를 가르치는 시간을 늘리고 이동 시간을 줄이면 업무 시간을 줄일 수 있습니다. 또 아이들의 수업 동선을 잘 짜는 일도 중요합니다.

인기 있는 선생님이라면, 선생님이 아이들의 시간에 맞추는 것이 아니라 아이들이 선생님의 수업 시간을 맞추겠지요. 일주일에 3~4일만 몰아서 일하고, 다른 날에는 진짜 자신의 일을 할 수 있습니다. 독자님은 어떤 일을 하고 계신가요? 독자님이 하는 일이 어떤 종류라도 덜 일할 방법이 있을 것입니다.

제가 경매를 하게 된 이유 중 하나도, 일할 시간을 줄여주기 때문이었습니다. 돈을 벌기 위해 일해야 했지만, 오랜 시간 집을 비울 수 없었습니다. 막내를 출산한 지 2개월 만에 출근을 시작했고, 1년 6개월간 분유 없이 완전 모유 수유를 했습니다.

보험 영업일은 외부에 있는 시간이 많은데, 모유 유축은 할 곳이 마땅치 않아 화장실에서 했습니다. 아이들이 아플 때는 업무 일정을 취소하거나 연기해야 했고요. 그나마 보험 영업이었기에 중학생, 초등학생, 갓난아기인 세 아이를 키우면서 일할 수 있었어요. 그렇다고 하더라도 엄연한 직장 생활이었지요.

그러다 우연히 경매를 만났고, 적게 일하고 더 벌 방법 하나를 찾았습니다(경매만이 아니라 시간 부자가 되는 다른 4가지 방법은 31~33쪽에서 알려드렸습니다).

누구나 시간 부자가 될 수 있다

시간이 유한하다는 사실을 깨닫고, 매직플래너를 적으면서 조금씩 시간의 자유를 찾았습니다. 사실 저는 지금도 완전한 경제적 자유를 얻었다고는 할 수 없습니다. 다만 예전보다 덜 일하고, 예전보다 더 법니다.

돌이켜보니 지금보다 돈이 없었을 때에도 '시간 부자가 될 수 있었다.'는 사실을 알았습니다. 조금 더 일찍 시간 부자가 되었으면, 조금 더 일찍 자유로운 삶을 살 수 있었겠지요.

그렇다면 어떻게 돈 없고 빽 없는 시간 노동자가 시간 부자가 될 수 있을까요? 모든 것은 우리가 시간을 대하는 태도에 달려 있습니다.

1997년 첫아이를 낳고 쓰던 육아 일기장에 이런 메모가 적혀 있었습니다.

'아이가 1살이 되면 내 나이 28살, 아이가 10살이 되면 내 나이 38살, 아이가 20살이 되면 48살이 되겠구나. 그때쯤에는 내 집을 살 수 있을까?'

플래닝에 대한 본격적인 관심은 2006년 보험 영업을 시작하면서부터입니다. 영업인의 기본 습관 중에 '싯플랜(sitplan)'이 있습니다. 싯플랜이란 책상 앞에 앉아서 영업 계획을 세우는 주간 플래닝을 말합니다.

매주 금요일 저녁, 다음 주에 만날 사람의 리스트와 계약할 사람들의 리스트를 작성하고, 한 주간 할 일을 계획하는 과정이지요. 제대로 된 싯플랜은 보람 있는 한 주를 만들어 줍니다.

보험 영업 시절 플래너의 힘을 깨닫고는 프랭클린 플래너를 쓰기 시작했습니다. 이때 시작한 플래너 작성 습관은 시간 부자의 초석이 되었습니다.

그리고 서른아홉 살에 막내아이가 태어나면서 매직플래너가 필요해졌습니다.

'막내가 스무 살이 되면 내 나이가 예순 살이구나.'

마음이 바빴습니다. 이때부터 남아 있는 시간이 얼마나 되는지 수시로 확인하며 소원 등대를 적기 시작했습니다.

집을 사고 책을 쓰게 해 준 매직플래너

부동산 경매를 시작할 때 적은 소원 등대는 '3년 안에 소액 부동산 20채 낙찰'이었고, 정말 딱 그만큼 꿈을 이루어냈습니다. 정확한 숫자와 기간이 들어간 목표는 중요합니다.

경매할 때 매직플래너는 매우 유용했습니다. 부동산은 낙찰받을 때부터 언제 매도할지 예상 시점을 정해야 하거든요. 2년 후, 4년 후 매도 시점을 계획하고 낙찰을 받습니다. 항상 계획대로 되지 않지만, 계획을 미리 세워두면 투자를 판단할 때 유리합니다.

책 쓰기를 하면서 매직플래너는 더욱 빛을 발했습니다. 아직 꿈일 뿐인 소원을 데드라인을 정해서 기록해두면, 시간이 지난 후 어느새 소원 등대에 도착했음을 알 수 있습니다. 2013년 첫 책의 출간 기획서를 출판사에 보낼 때 2편, 3편을 계속 쓸 것이라고 기획안을 냈지요. 지금 생각하니 초보 작가가 배짱 한번 두둑했어요. 출간을 약속받은 것도 아니면서 말이죠. 하지만 계획하는 건 제 맘이니까요. 정말 그 당시 기획서대로 3권의 경매 책이 출간되었습니다.

첫 책《나는 돈이 없어도 경매를 한다》출간했을 때 서점 모습

또 강의에 대한 플랜도 있었습니다. 즐거운 경매 첫 강의는 책이 출간되기 한 달 전에 시작했습니다. 혹시 저를 찾을 독자분이 있을지 몰라 미리 네이버 카페를 만들어두었고, 그 카페에서 7년째 경매 강의가 진행되고 있습니다. 본격적으로 제가 시간 부자가 된 3년 전부터는 저를 대신하는 강사들이 강의를 진행하고 있습니다.

서울머니쇼에서 강연했을 때의 모습

3년 전부터 조금 더 자유롭게 산다

매직플래너의 덕을 보며 소원을 이루어갔지만, 한바탕 병원 신세를 졌다고 앞에서 이야기했지요. 그래서 이제는 조금 다르게 살고 있습니다. 돈을 벌기 위해 일하고, 더 많이 벌기 위해 시간을 쓰던 패턴에서 벗어났습니다. 정장을 입고 하이힐을 신고 전국을 누비며 하던 강의도 그만두었습니다. 업계 모임이나 대외적인 겉치레도 벗어버렸습니다. 서민이 부자가 된 이야기를 다루는 유명 프로그램의 섭외도 거절했습니다. 좋아하지 않는 사람과의 만남도 그만두었습니다.

제가 하고 싶은, 살고 싶은 삶에 대해 깊이 고민했습니다. 지금은 진정한 나로 살아보는 중입니다. 막내아이 영어 공부를 핑계 삼아 여행자가 되어 1년의 반은 해외에서 살기도 하고 말이지요.

제 매직플래너를 보면 저는 늘 여행자가 되고 싶어 합니다. 스물다섯 살 때 중국으로 배낭여행을 다녀온 뒤로 여행은 늘 제 소원 목록 앞자리에 있었습니다. 돌이켜보면 여행지에서 영어 공부도 하고, 수영도 배웠습니다. 세 번째 경매 책을 냈고, 이 책의 초고를 썼습니다. 책을 읽고 글을 쓰는 일은 하루 종일 해도 지루하지 않습니다.

물론 일하지 않고 자유로운 여행자로 사는 동안, 지출은 늘었고 수입은 줄었습니다. 그럼에도 예전에 돈만 벌던 직장인 시절보다는 더 벌고 있습니다. 일하지 않는 동안에도 월세와 인세는 꾸준히 입금되고 있습니다. 비정기적으로 강의를 하기도 합니다. 기본 생계는 남편이 책임지고 있습니다. 멀리 여행하는 데 돈이 모자라면 가진 부동산을 하나 팝니다. '한 살이라도 젊은 지금, 더 벌어놓아야 하는 건 아닐까?'

네, 저도 가끔 조금합니다. 그렇지만 기긴 모든 시긴을 돈 버는 데 쓰고 싶지 않습니다. 돈을 위해 모든 시간을 바쳐 일하면, 돈은 더 벌겠지요. 그러고 나면, 곧 다시 시간을 벌기 위해 돈을 써야 할 것입니다.

저는 돈만 많은 부자가 아닌, 젊고 건강한 오늘의 시간 부자로 살고 있습니다. 돈과 시간의 균형을 맞추고, 남과 비교하지 않는 진정한 나로 살면서 오늘을 제대로 사는 시간 부자로 말입니다. 독자님도 시간 부자 클럽에 함께해 보세요!

온 가족이 떠났던 여행에서 남긴 가족 사진

돈과 시간 사이의 균형 잡기

돈과 시간의 균형 잡기

하고 싶은 일이 너무 많아 무엇을 먼저 할지 결정하지 못할 때가 있습니다. 짜장면도 먹고 싶고, 짬뽕도 먹고 싶죠. 짬짜면으로 주문하면 둘 다 먹을 수 있지만, 한 입에 동시에 먹을 순 없습니다. 하고 싶은 일은 한 번에 하나씩 해야 합니다. 무언가를 하거나 하지 않기는 선택할 수 있습니다. 작은 선택이 모여 인생이 되지요. 오늘 이 일을 할까, 말까는 우리의 선택입니다.

하고 싶은 일은 많고, 시간은 부족합니다. 가장 대립하는 요인이 시간과 돈입니다. 여행을 떠나고 싶지만, 돈이 없지요. 돈을 벌어야 하기에 연인과 데이트를 할 수 없습니다. 둘 다 하고 싶어 무리하면 건강을 해칩니다. 건강이 뒷받침되지 않으면 원하는 일을 할 수 없습니다. 이럴 때는 일을 잠시 멈추고 매직플래너를 펼치세요. **플래닝을 하기 위해 쓴 시간보다 더 많은 시간을 만들어낼 수 있습니다.**

매직플래너 쓰는 법

1. 하고 싶은 일, 해야 할 일을 모두 나열합니다.
2. 소원 등대로 가기 위한 일의 순서를 정합니다.
3. 생계를 위해 돈을 버는 일과 소원 등대로 가는 일을 함께 배치합니다.
4. 필요한 돈과 시간을 계산합니다.
5. 반드시 할 일과 위임할 일, 하지 않을 일을 선택합니다.
6. 당장 실천합니다.

돈 버는 목적을 명확히 하자

오늘, 선택을 하는 기준은 원하는 것에 있습니다. 커다란 기준은 매직플래너에 적혀 있습니다. 돈을 모으기로 했다면, 돈 버는 데 시간을 써야 합니다. 하지만 돈을 버는 데만 집중하다 보면 오히려 목적을 이루지 못할 수 있습니다. 절약하고 씀씀이를 줄이는 데만 몰두하면, 정작 중요한 시간을 놓칩니다. 돈 버는 일 자체가 목적이 아니라는 사실을 잊지 마세요. 돈 버는 데 시간을 쓰되 돈을 버는 목적을 명확히 하세요.

비용 짜기 실습

예를 들어볼까요?

B씨는 계약직 사원입니다. 남은 계약 기간 동안 열심히 돈을 모아 어학연수를 가고, 해외 취업을 하고자 합니다. 해외 취업까지 생각하니, 업무 능력을 올리고 동시에 어학 실력을 높이는 데 시간을 써야 합니다. 어학연수를 하기 위해 필요한 돈도 벌어야 합니다. 일도 하고 공부도 해야 하는데 시간은 한정적이지요.

자, 시간을 분배해볼까요? 큰 목표에는 1년 단위보다 더 큰 퍼즐이 필요합니다.

어학연수 비용을 만들려니 돈을 모아야 합니다. 영어 공부를 하려니 돈을 써야 합니다. 먼저 돈 계산부터 해봅시다.

① 먼저 비용을 확인합니다.

B씨는 캐나다에서 1년간 어학연수하고 싶어하고, 이에 드는 비용은 최소 2,500만 원입니다.

② 매달 총 저축 금액을 확인합니다.

현재 월급 200만 원 중에서 월세와 생활비를 제외하고, 최대 70만 원을 저축할 수 있습니다.

③ 매달 필요한 영어 공부 비용을 계산합니다.

영어 공부 비용은 몇 백만 원짜리 고액 학원부터 10만 원대의 강의까지 다양합니다. B씨는 인터넷 강의보다는 오프라인 강의를 듣고 싶어 합니다.

④ 실제 저축 액수를 계산합니다.

매달 20만 원의 학원비를 제외하면, 실제로는 50만 원씩 저축할 수 있습니다. 그렇다면 B씨는 1년에 600만 원을 모을 수 있고, 저축만으로 준비한다면 4년이 지나야 1년간 필요한 어학연수 비용을 겨우 마련할 수 있습니다.

시간을 단축하는 플래닝

이제 시간을 체크해볼까요?

B씨의 퇴근 시간은 6시입니다. 1년간 하루 4시간을 투자한다면, 일정 수준의 영어 실력을 갖출 수 있을 거예요. 최소한의 강의를 듣고, 인터넷 강의로 복습해서 단기간 영어 실력을 올릴 수 있으니까요. 1년간 몰입한다면 충분히 가능합니다. 이제 목표를 이루는 데 시간을 단축할 계획을 짜봅시다.

① 부수입을 올린다

일정 수준의 영어 실력을 갖춘 다음, 과외 수업으로 부수입을 올릴 수 있습니다. 아직 실력을 더 갖추어야 한다면 어린아이들부터 가르치면 됩니다. 혹은 영어 공부를 하는 유료 스터디를 운영할 수도 있습니다.

영어 공부를 할 수 있는 조건의 독서실에서 야간 총무를 할 수도 있습니다. 목표에 맞는 추가 수입을 올릴 수 있는 방법을 찾습니다. 이때 공부에 방해되는 부업은 하지 않는 편이 낫습니다. 매달 30만 원의 수입을 추가로 올릴 수 있으면, 연간 360만 원을 더 모을 수 있습니다.

② 시간을 단축한다

3년차가 되면 1년 간 어학연수에 필요한 금액의 돈을 모을 수 있습니다. 이제 연수를 떠날 수 있겠군요. 영어 학원만 다닐 때보다 1년 먼저 떠날 수 있습니다.

③ 돌아가지 않고 직진한다

그런데 사실 B씨의 목표는 영어 연수가 아니라 해외 취업입니다. 연수 없이 바로 해외 취업을 준비하면 어떨까요?

목표를 제대로 알면 좋은 방법이 있다

《꼭 한국에서만 살아야 할 이유가 없다면》의 레이첼 백은 지방의 2년제 대학에서 러시아학을 전공한 후, 4년제 대학의 영문학과에 편입했습니다. 영어를 전혀 못했던 그녀는 학교와 학원을 오가며 절실하게 영어 공부를 했지요. 첫 토익 점수에 430점을 받았지만, 누구보다 열심히 공부했습니다.

생존 영어가 가능해졌을 때, 캐나다로 한 달 여행을 떠났습니다. 같은 집 셰어하우스 친구들에게 일자리를 얻으면 충분히 생활비를 해결하면서 공부할 수 있다는 말을 듣고 일식집에 취업했지요. 레스토랑에서 쓸 수 있는 영어만 달달 외워서 시작한 첫 일자리였습니다.

그렇게 해외 취업을 시작한 그녀는 호주, 미국, 캐나다의 크고 작은 일터에서 일하며 글로벌한 인생을 살고 있습니다.

B씨도 그처럼 할 수 있습니다. 자신의 업무 커리어에 맞는 회사에 대해 조사할 수도 있고, 글로벌 비즈니스 인맥 사이트 '링크드인(Linked in)'에 프로필을 등록할 수도 있습니다. 해외 지사가 있는 국내 회사로 이직할 수도 있겠지요.

원하는 목표를 제대로 알면 더 나은 방법을 찾을 수 있습니다. 더 적게 일하고 더 많은 시간을 가지면서 말이죠.

좋아하는 일을 하고 살아요

"Happy Friday!"

영어 학원에 다닐 때 선생님들은 금요일 아침마다 "해피 프라이데이!"
라고 인사했습니다. 금요일이 행복한 건 세계 공통인 모양입니다. 직장
인은 월요일부터 금요일까지 하기 싫은 일을 하면서 주말만 기다립니
다. 얼마나 출근하기 싫으면 월요일마다 '월요병'에 걸릴까요? 독자님에
게도 금요일은 행복한 날, 월요일은 짜증나는 날인가요?

J씨는 연예인 덕후였습니다. 학창 시절부터 라디오 공개 방송을 쫓아다
니곤 했지요. 학교에서는 방송부에 들어갔고, 누구보다 열심히 방송부
활동을 했습니다. 그의 꿈은 방송국에서 일하는 것이었습니다.

그는 결국 방송작가가 되었습니다. 밤샘 촬영과 릴레이 회의에도 신이
났습니다. 친구들과 약속을 못 지키고, 가족들과 저녁 식사를 하지 못해
도 슬프지 않았습니다. 그토록 하고 싶은 일을 하는 즐거움이 더 컸으니
까요.

어린 시절 자신이 하고 싶은 일이 있고, 결국 그 일을 직업으로 가지는 일은 대단한 행운입니다. 안타깝게도 이런 행운이 흔하지 않지요. 대부분의 사람들은 자신이 원하는 일이 무엇인지 알지 못하는 상태에서 맡은 일을 하며 직업을 얻습니다. 별다른 고민 없이 말이죠.

조금 잘하는 일을 하면 행복할까?

공부를 잘하면 그냥 의사가 되고, 성적에 맞춰 간 대학 전공에 맞는 토목기사로 생계를 꾸립니다. 첫 직장에서 배정된 첫 업무가 편집이면 편집자가 되고, 기획이면 기획자가 되지요. 별다른 고민 없이 맡은 일이 직업이 됩니다.

물론 특별히 잘하는 일로 직업을 가지는 경우도 있습니다. 글을 잘 써서 기자가 되거나, 운동을 잘해서 요가 강사가 되고, 외모가 아름다워서 모델이 될 수도 있지요. 그런데 그 잘하는 수준이 특별한 수준이 아니면 대형 신문사가 아닌 지역 명예기자, 유명 강사가 아닌 동네 요가 선생님, 런웨이의 모델이 아닌 행사 모델이 되는 것이 현실입니다.

앞서 예로 든 J씨는 자신이 좋아하는 일이기에 어떤 일이건 행복하게 했습니다. 하지만 억지로 맡은 일이나 조금 잘하는 일을 직업으로 삼는다면, 마냥 행복할 수 있을까요? 해피 프라이데이를 외치며 영원히 주말만 있었으면 좋겠다는 생각을 하게 되겠지요. 즐겁지 않은 그 일을 억지로 평생 하면서 말이죠.

좋아하는 일을 하는 데는 용기가 필요하다

하기 싫은 일을 억지로 하면서 사는 이유는 무엇일까요? 다른 사람들처럼 평균의 삶을 살기 때문이 아닐까요? 좋은 학교에 진학해서, 대기업에 취직을 하고, 비슷한 사람과 결혼을 하고, 꼬물꼬물 아이를 낳고, 아파트 하나 마련해서, 가족을 이루고 살다가, 사회에서 인정받고, 은퇴를 하고, 노후를 맞이하는 인생은 누가 봐도 안정된 인생입니다.

사람들은 안정된 평균의 삶을 위해 자신이 진정 원하는 것이 무엇인지조차 생각하지 않고 살아갑니다. 일반적인 삶을 버리고 좋아하는 일을 하면서 사는 삶에는 용기가 필요합니다.

유튜버 박막례 할머니의 손녀 유라 씨는 용기 있는 사람입니다. 손녀는 치매를 걱정하는 할머니를 위해 잘 다니던 회사를 그만두고 할머니와 둘이서 여행을 떠났습니다. 유라 씨는 유명한 유튜버가 될 생각으로 유튜브를 시작하지 않았습니다. 좋아하는 할머니와 잊지 못할 추억을 만들고 싶어서 시작한 일이었지요.

그러다가 가족과 함께 보려고 만든 영상을 유튜브에 올렸습니다. 나이는 많지만 순박한 바마께 할머니의 이야기는 많은 사람들에게 즐거움과 감동을 주었습니다. 할머니와 손녀는 유튜브의 초청을 받고 구글 본사에 방문하기도 하고, 전 세계 셀럽들의 초청으로 세계를 누비고 있지요. 진정 하고 싶은 일을 하면 그런 에너지가 생깁니다.

전직 아나운서 손미나 작가도 그런 사람입니다. 잘나가는 미모의 아나운서가 스페인으로 떠나 석사 과정을 밟기도 하고, 소설을 쓰겠다고 파리로 떠나기도 했습니다. 유명인이니 할 수 있었을까요? 보기에는 멋져 보이지만, 정작 실천하는 본인은 얼마나 많은 갈등이 있었겠어요.

억지로 일하며 살지 않으려면

돈을 쌓아둔 재벌이 아닌 이상, 일하지 않으면 수입은 줄 것이고, 좋아하는 일을 하는 동안 경력은 단절됩니다. 무엇보다 새로 시작하는 일이 잘된다는 보장도 없으니까요.

하고 싶은 일은 능숙하지 않은 일입니다. 잘하는 일이 아닙니다. 처음 시작하잖아요. 그러니까 하고 싶지요. 하고 싶은 일을 처음부터 잘할 수 없습니다. 지금까지 어떤 삶을 살았건 새로 시작하는 그 일에서 독자님은 초보입니다. 이미 그 방면에는 잘하는 사람이 엄청나게 많고, 이제 시작하는 독자님이 가야 할 길은 멉니다.

"어차피 잘하지도 못하는걸요."

괜히 섣불리 도전했다가 잘하지 못하면 자존심이 상하니 그럴 바에는 애초에 시작조차 하지 않으려고 합니다. 실패할까 두려워서 도전 자체를 하지 않습니다.

"그냥 하던 거나 할래요."

그렇게 하기 싫은 일을 억지로 하면서 오늘을 삽니다.

하기 싫은 일을 하지 않는다

앞서 말했듯, 시간 부자는 하기 싫은 일은 거절하거나 위임합니다. 시간 부자는 자신의 시간을 좋아하는 일을 하는 데 씁니다. 하루 종일 해도 지루하지 않은 일을 하면, 하루 종일 노는 것과 같습니다. **좋아하는 일로 먹고살면 하루 종일 놀면서 돈을 벌 수 있습니다.** 그 일이 다른 사람에게는 일이지만, 시간 부자에게는 놀이이지요.

박막례 할머니가 유럽 거리를 걷고, 손미나 작가가 소설을 쓰는 일은 그들에게 행복한 일입니다. 어떤 일이 독자님에게 그런 일인가요?

저는 시간 부자의 삶을 살고자 합니다. 하지만 제게 부여된 아내, 엄마, 딸, 며느리로서의 역할도 성실히 해내고 있습니다. 맡은 역할과 개인의 행복은 균형을 이루어야 합니다. 가족은 소중하지만, 역할 때문에 원치 않은 일을 억지로 떠맡을 생각은 없습니다. 매끼 따뜻한 새 밥을 짓는 대신, 냉동실에 데워먹을 밥을 준비하고, 시댁에는 안부 인사로 대신합니다. 멋진 인테리어로 치장한 집 대신 1년에 서너 번 즐기는 호캉스를 선택했습니다.

하고 싶은 일을 할 시간을 만들기 위해서는 수입을 포기하기도 합니다. 돈을 벌기 위해 일할 시간에 도서관에 틀어박혀 책을 읽습니다. 아무리

해도 늘지 않는 영어 공부를 포기하지 않습니다. 남들에게 인정받기 위한 삶이 아닙니다. 단지 제가 원하는 하루를 보내는 것이지요.

하고 싶은 일을 조금씩 한다

하기 싫다고, 하던 일을 단숨에 때려치우라는 말은 아닙니다. 가족의 생계를 위해, 그 역할에 충실하기 위해 꿈을 예정할 수 있습니다. 꿈을 연기하되 오늘 하루 중 하고 싶은 일을 할 시간을 확보하세요.

오늘은 1시간을 만들고, 다음 달에는 2시간을 만들 수 있습니다. 독자님 상황에 따라 유연하게 시간을 확보해나가세요. 그 시간을 분배하고, 매직플래너에 그 시간을 표시하세요.

원하는 일을 할 시간에 우선순위를 주어야 합니다. 당장 돈 되는 일, 급한 일, 하지 않으면 안 되는 일에 떠밀려 그 시간을 확보하지 못한다면 원하는 그 일은 영영 할 수 없을 거예요.

24

배움으로 인생을 바꾸는 방법

매트릭스에 사는 사람들

서기 2199년, 영화 〈매트릭스〉 안에서는 인공지능이 인류를 지배하고 있습니다. 인간의 기억마저 A.I.로 만드는 세상입니다. 진짜보다 더 진짜 같은 가상현실인 '매트릭스' 속에서 인간들은 현실을 인식할 수 없도록 지배됩니다.

주인공 네오는 모피어스가 주는 빨간약을 먹고 끔찍한 가상세계의 진실을 알게 됩니다. 반대로 현실을 도피하고 싶은 사이퍼는 "모르는 게 약"이라며 일행을 배신하고 매트릭스의 세계로 돌아가고자 합니다.

사이퍼처럼 마주한 현실이 두려워서 모르는 체 눈 감고, 그냥 이대로 살고자 하는 사람들이 있습니다. 해킹이 두려워서 은행 앱을 깔지 않고, 투자금을 잃을까 두려워서 은행 저축만 고집합니다. 행여 길을 잃을까 모르는 길에 나서지 않고, 회사 밖은 지옥이라며 꾸역꾸역 회사로 출근합니다.

독자님은 배움으로 진실을 마주하고 싶은가요, 아니면 모르는 체 지금의 생활을 유지하고 싶은가요?

다르게 살려고 배운다

현재와 다른 삶을 살기 위해 배움은 반드시 필요합니다. 독자님은 변화를 꿈꾸기에 이 책을 읽고 있을 것입니다. 이 세상에 존재하지만, 내가 모르는 분야를 배우는 일은 쉽지 않습니다.

알약 하나 삼키는 것으로 배움에 눈 뜰 수 있다면 얼마나 좋을까요? 솔직히 배움은 쉽지 않습니다. 친구들이 돈을 벌 시간에 배우고, 가족과 행복한 시간을 포기하면서 배우고, 때로는 왜 그런 걸 배우냐는 비난을 감수하면서 배웁니다. 그렇게 배운다고 해서 바로 인생이 바뀌지도 않는데 말입니다.

그러나 배움은 하나하나 모이고 쌓여, 현재의 안전지대를 벗어나게 하는 기초가 됩니다.

최고의 배움은 마음공부

저는 앞에서도 이야기했지만 세상에 대한 원망과 나아지지 않는 답답한 현실에서 방황할 때, 데일 카네기의 《인간관계론》을 읽었고, 데일카네기트레이닝까지 참여했습니다. 당시 한 달 월급에 달하는 비싼 수업료를 낸 트레이닝은 제 인생에 큰 버팀목이 되었습니다.

데일 카네기는 걱정 극복을 위한 기본 원칙으로 "하루하루 충실히 살아라."고 합니다. 데일 카네기는 과거의 일을 후회하면서 현재를 악화시키지 말라고 합니다. 미래를 근심하며 아득한 곳의 유토피아만을 동경하면 현실 도피일 뿐이지요.

조앤 롤링의 소설 《해리포터》 시리즈에는 마법의 거울이 나옵니다. 주인공 해리포터는 거울 속에서 보고 싶은 부모님을 봅니다. 하루 종일 거울만 들여다보고 싶어 하지요. 마법의 거울은 보고 싶은 것만 보는 현실 도피입니다. 현실이 비참하더라도 마주보아야 합니다. 현실을 외면하면 현실에서 벗어날 수 없습니다.

제가 국세청의 세무 조사를 받은 일이 있었습니다. 소득에 비해 많은 부동산을 가져서 증여세 누락이 의심되었던 거지요. 조사 중 범죄자 취급을 당하면서 지난 10년간의 통장 거래 내역을 모두 공개해야 했습니다. 그때 억울하기도 하고, 걱정되기도 해서 잠을 이룰 수 없었습니다. 이때 데일 카네기의 걱정을 해결하는 마술 공식을 적용해보았습니다.

걱정을 해결하는 마술 공식

첫째, 일어날 수 있는 최악의 상황은 무엇인지 생각하라. 둘째, 피할 수 없다면 받아들일 준비를 하라. 셋째, 최악의 상황을 개선하기 위해 노력하라.

저는 억울한 맘을 다스리고, 국세청 세무 조사에 성실히 임하기로 마음을 고쳐먹었습니다. 최대한 꼼꼼히 부동산 구매 내역에 대한 자료를 준비했습니다. 다행히 경매로 저가 구매를 하고, 대출을 이용해서 부동산을 매수한 내용을 소명할 수 있었고, 세무 조사는 별일 없이 마무리되었습니다.

사람들은 겉모습만 보고 제가 강한 멘탈의 소유자인 줄 압니다. 하지만 저는 사실 여린 사람입니다. 종종 마음이 흔들리고, 괜한 걱정에 휩싸이곤 합니다. 어릴 적 트라우마일 수도 있고, 타고난 마음이 나약해서일 수도 있습니다.

어쨌든 저는 스스로 마음을 다잡아야 한다는 사실을 잘 알고 있습니다. 그래서 마음의 감기가 올 때마다 데일카네기트레이닝에 코치로 참여하고 있습니다. 지금까지 여섯 번 트레이닝에 참여했고, 곧 일곱 번째 참여를 앞두고 있습니다.

마음 다스리는 방법은 여러 가지가 있습니다. 기도를 하기도 하고, 명상을 하기도 합니다. 가수 이효리 씨는 요가로 마음을 다스린다지요. 어떤 것이든 좋습니다. 마음공부가 첫 번째 배움입니다.

돈 공부는 필수다

보험 회사에 다니며 보험과 금융에 대해 배웠습니다. 보험은 미래에 예측할 수 없는 재난이나 사고의 위험에 대비하고자 생긴 제도입니다. 품앗이로 미래의 위험에 대비하는 일인 셈입니다.

가입자들은 보험 상품에 가입하여 매달 일정 금액을 냅니다. 여러 사람들이 내는 돈으로 사고나 질병으로 아픈 몇 사람의 보험료를 지급합니다. 아픈 사람보다 돈을 내는 사람이 많기에 보험 회사는 돈을 법니다. 회사는 남는 보험료로 주식에 투자하고, 건물을 지어 이익을 냅니다.

금융기관은 이자를 받고 자금을 융통해 주는 일을 합니다. 누군가는 돈을 빌려주고 이자를 받습니다. 다른 누군가는 돈을 빌려 쓰고 이자를 냅니다. 은행은 A씨에게 돈을 받아 B씨에게 돈을 빌려주고 이자를 받습니다. 대출 이자는 높게 받고, 예금 이자는 적게 주어 수익을 냅니다. 예금과 대출의 갭을 이용하여 수익을 내는 것을 '예대마진'이라고 합니다. 예대마진은 은행의 주 수입원입니다.

저는 경매를 하면서 부동산에 대해 배웠습니다. 많은 사람들이 원하는 부동산은 가격이 오르기 마련입니다. 서울의 가장 비싼 아파트가 오른다는 것을 누가 모르나요? 문제는 살 수 없다는 점이지요.

많은 사람들이 원하는 부동산은 일반인이 감히 접근할 수 없는 가격입니다. 돈이 없는 사람에게 경매는 괜찮은 부동산 투자법입니다. 가장 좋은 부동산은 아니지만, 적은 돈으로 수익을 낼 수 있습니다.

문제가 있는 부동산을 조금 저렴하게 구입하여, 제 가격에 팔아 수익을 내는 것이 경매의 기본 수익 구조입니다. 금융 회사처럼 예대마진을 만들 수도 있습니다. 임차인에게 50만 원을 받아 은행이자 20만 원을 내

면 30만 원은 수익이 됩니다. 이처럼 개인도 보험 회사나 금융 회사처럼 남의 돈으로 돈을 벌 수 있습니다.

그밖에도 여러 가지 돈 공부가 있습니다. 주식으로 수익을 내기도 하고, 달러나 금을 사는 투자도 있습니다. 환율의 변동을 이용한 환차익도 있고, 최근에는 비트코인이라는 새로운 투자 방법도 생겼습니다. 더 많이 벌고 싶다면, 돈 공부는 선택이 아닌 필수입니다.

원하는 일에 대한 공부를 시작하자

서메리 작가는 번역이나 글, 그림과 거리가 먼 평범한 사무직 회사원이었습니다. 오로지 회사 체질이 아니라는 이유 하나로 기술 하나 없이 퇴사를 선택한 후, 번역 학원에서 번역하는 기술을 배웠습니다. 회사를 그만두고 초보 번역가가 되는 과정은 순탄치 않았습니다. 그녀는 그 과정을 글로 옮겨 프리랜서를 위한 책,《회사 체질이 아니라서요》를 냈습니다.

그녀는 책 속에서 '내 인생은 오롯이 나의 것인데, 나는 어째서 남들의 시간표에 내 인생을 짜 맞추려 그렇게 발버둥을 쳤을까.'라고 썼습니다. 남이 아닌 '자신'으로 살기 위해 배운 번역 기술로 서메리 작가는 프리랜서 번역가가 되는 일에 성공합니다. 직접 그린 그림으로 일러스트레이터도 되었으며, 이 과정을 올린 영상으로 인기 유튜버까지 되었습니다. 배움으로 원하는 일을 하며 사는 사람이 된 것입니다.

여행가 이채은 씨는 308일의 세계 여행과 2년 동안의 호주 워킹홀리데이 기록을 적은 《사소하고 별거 없는 모든 순간에게》를 출간했습니다.

이 책은 후원자들에게 펀딩을 받아 직접 제작했습니다. 그녀에게 2년간의 호주 워킹홀리데이 생활은 원하는 일에 대한 공부였습니다. 지금 그녀는 자신의 삶을 살아가고 있습니다.

2015년 6월부터 카카오에서 서비스 중인 '브런치'는 예비 작가가 책 출간을 염두에 두고 글을 연재하는 곳입니다. 이곳을 통해 출간된 책이 2,000권이 넘습니다. 임홍택 작가의 《90년생이 온다》, 하완 작가의 《하마터면 열심히 살 뻔했다》, 정문정 작가의 《무례한 사람에게 웃으며 대처하는 법》 등의 베스트셀러도 브런치에서 시작되었습니다. 이곳에 등록된 작가는 2만 8,000명이 넘습니다. 거꾸로 보면 베스트셀러 저자 몇 명과 출간된 2,000명의 저자를 제외한 작가들은 아무 보수 없이 연재를 하고 있다는 뜻이지요. 어떻게 보면 이들의 노동은 '열정 페이'라고 할 수 있습니다.

'열정 페이'는 무언가 하고자 하는 열정을 이용해서, 월급은 적게 주면서 온갖 업무를 많이 시키는 행위를 비꼬는 말이지요. 하지만 원하는 일을 하기 위한 배움의 시간은 열정 페이로 이야기할 수 없습니다. 그들은 시간을 써서 보수를 받는 대신, 배움을 얻는 중입니다. 기회를 찾는 중인 것이죠. 시간을 써서 돈을 버는 일과 시간을 써서 배움을 얻는 일은 구분할 줄 알아야 합니다.

변화의 흐름을 놓치지 말자

제가 읽은 트렌드 관련 첫 책은 1995년 출간된 페이스 팝콘의 《팝콘리포트》입니다. 머지않은 미래에 사람들이 번데기(코쿤)처럼 집, 혹은 각자의 공간에서 생활하게 된다는 내용이 그 책에 있었습니다. 지금이야 재택근무가 특별하지 않지만, 일을 당연히 회사에서 하던 90년대에는 획기적인 내용이었지요.

2009년부터 매년 연말 김난도 교수의 책 《트렌드 코리아》가 발간되고 있습니다. 이 책은 소비에 초점을 두고 서울대 소비트렌드분석센터에서 연구한 결과물입니다. 매년 베스트셀러 코너에 자리하고 있지요.

저도 근 10년간 매년 《트렌드 코리아》를 읽어 왔습니다. 매일의 뉴스는 잘 안 보지만, 세상이 변화와 흐름에는 관심이 많습니다. 세상의 변화에 따라 소비 패턴이 변하고, 우리의 삶에도 영향을 미치니까요. 획기적이던 트렌드가 일상이 되면 생활이 변화합니다.

우리가 스마트폰을 사용하게 된 지도 얼마 되지 않았습니다. 저는 2010년에서야 비로소 사용하기 시작했습니다. 저보다 늦게 사용하기 시작한 아이들이 저보다 더 능숙하게 스마트폰을 사용합니다. 전 세계의 36억 명 인구가 스마트폰을 사용하고 있습니다.

스마트폰 덕분에 사람들은 과거보다 훨씬 많은 양의 데이터를 소화하고, 전문가들만 독점해왔던 고급 지식도 자유롭게 열람합니다. SNS를 이용하여 지구 건너편의 사람과 친구를 맺고, 다이얼을 누르지 않고 간편하게 더 자주 연락을 주고받습니다. 대단한 학력이나 특별한 스펙이 없는 사람들이 유튜브와 개인 콘텐츠를 통해서 억대 연봉을 올리는 '크리에이터'가 되기도 했지요.

특별한 사람들의 이야기가 아닙니다. 평범한 우리의 이야기입니다. 스마트폰을 자유롭게 사용하시는 일흔 살이 넘은 친정엄마도 포노사피엔스입니다. 폰뱅킹을 이용하니 은행에서 긴 줄을 서지 않습니다. 손자들 생일에 카톡으로 축하 메세지와 함께 용돈도 보내주십니다.

2020년 현재 인터넷, 컴퓨터, 스마트폰을 사용하지 않으면 불편한 일이 너무 많습니다. 지금은 인스타그램으로 물건을 팔고, 페이스북으로 친구와 소통하는 시대입니다. 트렌드가 일상이 되기 전에 먼저 받아들이는 사람들은 리더가 됩니다.

물론 모든 사람들이 반드시 리더가 될 필요는 없습니다. 하지만 너무 늦으면 주류에서 소외되고 말지요. 특히 요즘처럼 변화가 빠른 시대에는 더욱 그렇습니다. 몰입을 방해하는 스마트폰이지만, 부작용 때문에 아예 사용하지 않을 수는 없습니다. 트렌드에 대한 공부는 변화의 흐름을 놓치지 않는 공부입니다.

낯선 분야도 공부하자

우리는 비슷한 사람들과 살고 있습니다. 같은 유전자를 나눈 사람들과 가족을 이루고, 같은 동네 친구들과 함께 학교에 다니고, 비슷한 성향을 가진 사람들이 모인 회사에서 일을 하지요. 그러다 다른 생각을 가진 사람을 만나면 불편해집니다. 아마도 과거에 적과 아군이 있던 시절에 살아남기 위한 생존 전략이었지 모릅니다.

하지만 지금은 인터넷으로 세계와 소통하고, 가까이 개성이 브랜드가 되는 세상입니다. 낯선 것은 더 이상 두려움이 아니라 새로움으로 여겨집니다. 독자님이 익숙하게 알고 있는 세상 밖에는 낯설지만 새로운 세상이 있습니다. 그곳에 기회가 있어요.

저는 마흔네 살에 스노보드를 시작했습니다. 이전에는 스키조차 타 본적이 없었지요. 어린 시절에 지독하게 달리기를 못했던 탓에 체육 시간은 늘 끔찍했습니다. 운동은 안 되는 몸이라고 생각하며 40여 년을 살았습니다. 스포츠는 저랑은 전혀 상관없는 낯선 세계였지요.

그러다가 용기내서 시작한 스노보드로 스포츠에 관심이 생겼습니다. 수영을 배우고, 폴댄스에도 도전했습니다. 헬스를 한 지 4년 만에 바디 프로필을 찍기도 했지요. 대단한 몸매여서 자랑하고 싶다기보다는 열심히 운동한 제 모습을 기록으로 남겨두고 싶었습니다. 곧 스쿠버다이빙 자격증도 딸 계획이에요.

저는 예전보다 더 건강하고, 활기가 넘칩니다. 무엇보다 스포츠라는 즐거움을 알아서 행복합니다. 돌이켜보면 익숙한 분야가 아닌 낯선 분야에 다가설 때마다 선물을 받았습니다. 부동산 경매도 처음에는 낯선 분야였지요. 낯선 책 쓰기는 저를 저자로 만들어주었습니다. 인스타그램을 시작하니 '인친'이 생기고, 유튜버에 도전하면서 편집의 세계에도 발을 들였습니다. 세상에는 재미있는 일이 참으로 많습니다.

도서관에 가서 낯선 분야의 서고를 가끔 둘러보세요. 관심이 없는 분야의 책은 처음에는 지루하게 느껴지지요. 선뜻 손이 가지 않겠지만, 그래도 굳이 한두 권 빌려서 보세요. 익숙하지 않은 그곳에 큰 배움과 기회가 있기 때문입니다.

아이들은 처음 하는 일에 두려움이 없습니다. 우리도 어린 시절에는 그 랬지요. 어른이 되고 나서는 도전하기가 겁이 납니다. 낯선 일을 시도하는 일은 모험입니다. 실패할지도 모르죠. 아니, 처음에는 분명 실패할 것입니다.

하지만 실패를 두려워 마세요. 어쩌면 그 일에 대단한 재능이 있을지도 모르잖아요? 이것이 우리가 낯선 분야를 공부해야 하는 이유입니다. 낯설고 새로운 일에 관심을 가져보세요!

25

계획이 빗나가도 괜찮아

현실은 계획을 넘어서는 반전

돈을 모을 때는 재테크 계획을 짭니다. 취직을 하려면 입사 계획을 세우고, 이력서를 제출할 회사를 선정해서 면접을 준비합니다. 결혼을 하려면 결혼 준비를 하고, 자녀를 가지기 전에 가족계획을 세웁니다. 계획은 아직 일어나지 않은 미래의 일에 대한 상상에서 출발합니다. 계획은 여러 가지 가설 중 가장 이상적인 모습의 그림입니다.

여행을 떠나기 전에는 여행 계획을 세웁니다. 어디로 떠날지 고민하고, 가고 싶은 곳을 선택한 후 예산을 정합니다. '아마 그럴 거야.'일 뿐, 여행을 떠나기 전에 모든 것은 그저 가정입니다. 여행지에 도착하기 전까지 현실이 아니죠. 떠날 생각을 하면 좋으면서도 막상 그곳에서 마주칠 일들을 구체적으로 떠올리면 두렵기도 합니다.

'익숙하고 편한 이곳을 떠나 낯선 곳에 가야 하는 이유가 뭐지?' 하는 생각이 절로 듭니다. 또 '집 떠나면 고생'이 틀린 말이 아닙니다. 여행 전에 계획을 아무리 꼼꼼하게 세워도 차질이 생깁니다. 비행기는 연착을 하고, 우산도 없는데 비가 옵니다. 물건을 잃어버리고, 몸이 아파서 귀한 하루를 꼼짝없이 숙소에서 보내기도 합니다. 매 여행 때마다 무슨 일이 생기더군요. 아무 일없이 계획대로 무사히 돌아온 적이 없습니다.

여행은 그래서 좋습니다. 무슨 일이 일어날지 모르는 설렘과, 쫄깃한 긴장감이란!

"엘리자가 말했어요. 세상은 생각대로 되지 않는다고. 하지만, 생각대로 되지 않는다는 것은 멋진 일이에요. 생각지도 못했던 일이 일어나는 걸요!"

빨강머리 앤의 말입니다.

멋진 계획은 그저 계획입니다. 그대로 되지 않습니다. 생각지도 못한 반전이 늘 기다리고 있습니다. 계획은 우리의 상상의 한계를 보여주지만, 현실은 그 한계를 넘어섭니다. 상상을 넘어서는 반전이 있기 전에는 늘 계획이 있습니다. 멋진 일입니다.

마음속 반작용 극복하기

며칠 떠나는 여행이 이러한데, 인생은 어떤가요? 우리의 매직플래너는 하루, 일주일, 한 달, 일 년 그리고 인생 전체 계획입니다. 인생이란 계획과 상상을 넘어서는 반전의 연속입니다.

독자님은 서른 살이 되면, 마흔 살이 되면, 쉰 살이 되면 무엇을 하고 싶은가요? 원하는 것을 플래닝하세요.

다만 안타깝게도 순조롭게, 계획한 대로 되지 않을 것입니다. 그럼에도 왜 계획해야 할까요? 계획하지 않으면 원하는 것이 무엇이었는지조차 알 수 없기 때문입니다.

"원하는 것이 무엇인지 모르고 지내면 안 되나요? 흘러가는 대로 그냥 살면 어때요."

그렇게 이야기하며 사는 사람들을 알고 있습니다. 그들은 지금이 편하다고 말합니다. 그저 맡은 일을 하면서요. 그들은 그렇게 그럭저럭 살아갑니다. 하지만 그렇게 살면 끝내 자신이 정말 원하는 삶이 무엇인지 알지 못하겠지요.

"과연…… 제가 할 수 있을까요?"

자신 없으신가요? 당당히 적은 푸른 꿈들을 못해내면 어쩌느냐고요? 걱정하지 마세요. 계획은 언제든지 수정할 수 있으니까요. 편하게 작성해도 좋습니다. 원대한 꿈을 적고, 수정하는 것은 독자님 마음입니다.

"하지만 당장 내일 무슨 일이 일어날지 모르잖아요."

앞으로 일어날 일을 누가 알겠어요? 분명한 사실은 하나뿐입니다. 분명히 독자님을 방해할 어떤 일이 일어날 것이라는 사실 말이죠. 목표로 한 그 일을 하지 못할 온갖 크고 작은 사건들이 벌어질 거예요. 저축을 하기로 마음먹으면 항공권이 세일을 하고, 옷장 속에 입을 옷이 하나도 없지요. 다이어트를 하기로 마음먹으면 친구가 맛있는 음식을 사준다고 부르고, 사업을 하기로 마음먹으면 요즘 경기가 엉망인 사실을 알게 됩니다.

네, 늘 그랬습니다. 그래서 독자님은 아직도 여기에 머물러 있지요. 과감히 시작하지 않으면 바뀌는 것은 없습니다.

안전지대를 벗어나라

"친구가, 가족이 절 비웃어요."

이런 주위의 반응이 두려운가요?

제가 처음 강의를 하겠다고 했을 때 친구는 저를 만류했습니다.

"넌 발음이 나빠서 안 돼."

제가 처음 책을 쓰겠다고 했을 때 남편도 무시했지요.

"그래, 맘대로 해라."

아마 독자님이 무언가 하겠다고 할 때 주위 반응도 비슷할 거예요. 안전한 이곳을 두고 무언가를 저시르려는 당신을 밀릴 겁니다. 기까운 사람들이 말리는 일이라면 도전할 만한 가치가 있습니다. 이 일은 안전지대를 벗어나니까요.

안전지대에 함께 있는 사람들이 보기에 그곳을 벗어나는 행동은 위험해 보입니다. 하지만 변화는 안전지대를 벗어나야 일어나지요.

내 안의 어린아이 달래기

"계획해도 소용없어요. 어차피 엉망이 될 거예요."

살다 보면 정말 그럴 때도 있더군요. 잘될때는 가만 있어도 잘되지만, 안 될 때는 아무리 노력해도 안 되기도 합니다. 그럴 때 마음 깊은 곳에서 '무엇을 어찌해야 하나.' 하고 걱정만 하는 어린아이 에고(Ego)가 깨어납니다.

에고는 마음속에 생기는 본능적인 감정으로 어린아이와 같습니다. 제게도 천방지축 마음속 어린아이가 있습니다. 하루 종일 잠을 자게 만들고, 배가 불러도 정신없이 먹게 하고, 텔레비전 채널을 이리저리 돌리는 신공을 발휘하게 합니다.

제멋대로여서 도대체 어디로 튈지 알 수 없습니다. 까딱 하면 이 아이에게 정신을 빼앗기고, 하루를 망쳐버립니다. 마음속 아이는 아무 생각이 없습니다. 그냥 본능에 충실하여 먹고 마시고 잠을 잡니다. 그렇게 하루를 날려 보내고 나면 후회만 남습니다.

마음의 뿌리가 단단한 사람은 마음속의 어린아이를 잘 다스릴 수 있답니다. 건강한 몸과 마음을 가진 아이가 가족의 사랑과 사회의 축복을 받으며 자라면, 마음이 단단한 어른이 되는 것처럼 말입니다.

마음속 어린아이가 울고 있을 때에는 이렇게 어루만지고 달래주세요.

"착하지~ 이제 그만~."

어떤 상황이든 태도는 결정할 수 있다

계획대로 되지 않았다고 자책하지 마세요. 엉망이 된 그 일은 지나갔습니다. 다시 시작하면 그만입니다. 포기하지 마세요. 상황이 바뀌면 다시 플래닝하면 됩니다. 상황을 반영하되 플랜은 소원 등대 방향을 향합니다. **우리가 주변 상황을 만들어낼 수 없습니다. 그렇지만 상황에 대한 태도는 마음껏 선택할 수 있습니다.**

유대인 정신과 의사인 빅터 프랭클은 죽음의 강제 수용소에서 생활하면서 끔찍한 현실과 마주합니다. 아버지, 어머니, 형제, 아내가 수용소에서 가스실로 보내져 죽음을 맞습니다. 그는 가진 것을 모두 잃고, 추위와 굶주림, 잔혹한 현실, 수시로 맞는 죽음의 공포에 떨면서 홀로 살아남습니다.

그는 죽음의 수용소에서 삶의 가치를 발견합니다. 그의 이론 '로고 테라피'에 따르면 자신의 존재에 대한 의미와 책임을 발견하면, 삶의 의미를 찾아낼 수 있습니다. 수용소에서 살아남은 사람들은 저마다 나름대로의 살아야 할 이유가 있었죠. 왜 살아야 하는지 아는 사람은 어떤 상황도 견딜 수 있습니다.

우리가 있는 이곳은 수용소도 이니고, 목숨을 위협받는 상황도 아닙니다. 그저 계획대로 되지 않을 뿐입니다. 그럴 수 있습니다. 상관없어요. 상황은 선택할 수 없지만, 상황을 대하는 태도는 우리가 선택합니다. 원하는 일을 하세요. 우리는 선택한 대로 살게 될 거예요. 독자님은 충분히 그럴만한 가치가 있습니다.

오늘, 바로 지금 당신의 인생을 바꾸세요

가난할 때는 돈만 있으면 행복할 줄 알았습니다.

가난에서 벗어나니 비로소 알았습니다.

행복이란 원하는 삶을 사는 것이고,

원하는 삶을 사는 것은 원하는 하루를 사는 일입니다.

사랑하는 사람과 함께 시간을 보내고,

좋아하는 일을 하면 행복합니다.

보내는 시간이 그 사람을 만듭니다.

시간을 어떻게 쓰느냐에 따라 다른 사람이 됩니다.

명품 백을 드는 사람,

고급 차를 모는 사람,

펜트하우스에 사는 사람은

그냥 그걸 산 사람이지만

어떻게 시간을 보내느냐가 그 사람의 존재 자체를 말해줍니다.

하루 중 대부분의 시간에 사업하는 사람은 사업가이고,

하루 중 대부분의 시간에 공부하는 사람은 학생이고,

하루 중 대부분의 시간에 가르치는 사람은 교사라고 하잖아요?

내가 많은 시간을 쏟고 있는 일이 곧 나 자신이 됩니다.

하고 싶은 일을 할 수 있는 시간이 많을수록 행복합니다.

그냥 돈만 있는 부자가 아니라 시간 부자가 됩니다.

이 책은 저의 반성과 시행착오를 기초로 쓴 책입니다.

안 그런 척하지만, 모두 헤매고 있습니다.

바다에서 작은 배는 당연히 흔들리지요.

태풍 속에서 순식간에 길을 잃을 수 있기에

마음속 깊이 등대를 세우고 나침반을 들어야 합니다.

일 년을 제대로 한번 살아 보세요.

전부 계획대로 되지는 않겠지만, 결국 원하는 삶을 살게 될 것입니다.

소중한 사람과 보내는 시간을 아끼지 마세요.

풍요로운 관계와 추억을 만들게 될 거예요.

돈을 벌기 위해 시간을 쓰되, 모든 시간을 바치지 마세요.

돈만 좇는 삶은 마음을 허기지게 합니다.

시간을 낭비하지 말고 제대로 소비하세요.
이런저런 핑계 없이 오늘을 충실히 사세요.
오늘, 지금, 이 순간이 바로 최고의 시간입니다.

2020년 1월,
저자 이현정